学会沟通，让优秀的你更优秀

杨梅珍／著

北京时代华文书局

目 录

第 2 章 加分项：通过仪态、语气和眼神改善现场表现

第3章 练习法："自然"是"练"出来的

第4章 克服紧张的方法：腹肌挤压法

第5章 用热情抓住听众注意力

第6章 瞬间得分的自我营销术

第7章 熟悉场地：助你事半功倍

第8章 视听设备：决定成败的关键

第9章 面对镜头拿出最佳表现

第 10 章 召开会议：效率、个人权威两把抓

引言　演讲大师也会害怕上台

古巴第一任最高领导人卡斯特罗素来以善于演讲的形象出现在世人的视线中，但就是这么一个“善于演讲的人”曾经坦言道：“我对上台说话有恐惧感，我不喜欢演讲。”

你最害怕什么？每个人可能都有不同的答案。有人最怕蟑螂，有人最怕牛油果，有人害怕孤独终老，有人害怕生离死别。但很多人可能都共同害怕一个东西：公开发言。

大多数人都在不同程度上害怕上台公开发言。其中又有为数不少的人，对“上台讲话”这件事感到极度恐惧。当他们不得不站到台上时，他们便开始口干舌燥、冷汗直冒、双腿发抖、手足无措。

“上台演说”的恐惧，似乎是许多人心中永远的痛。即使著名如肯尼迪总统、甘地、金恩博士、丘吉尔首相、卡内基等深获人心、举世所推崇的伟大演说家，也几乎都是从恐惧的过程中经历千锤百炼，才成就独树一帜的演说才能。可见，没有人天生就是个伟大演说家。“演说技巧”是可以后天培养的。当然，想要能自信地走到台上“轻松自在地说”，首先必须克服内心的恐惧，只要恐惧不见了，紧张感自然会消失。

如何克服恐惧呢？有一个很好的方法就是：写下来你对演说感到恐惧的原因。

当看到这些原因之后，你就会发现，其实事情并没有想象中那么严重。这些原因不外如下：

- 害怕自己成为笑话。
- 害怕自己会出丑，狼狈不堪。
- 害怕面对群众。
- 害怕听众冷淡的反应。

其实，所有这些“害怕”“恐惧”与“紧张”，都是因为你缺乏“信心”。信心也许不能真的帮上你什么忙，但是没有信心，你就无法成就任何事情。

不管你对上台讲话感到多么害怕或胆怯，也不管你多么缺乏信心，当你打开本书时，你已经跨出了成功的第一步。

本书将提供全面性的建议，包括：如何写出有内容的讲稿、如何塑造得体的形象、如何自我包装、如何进行事前演练、如何克服紧张、如何迅速抓住听众注意力……

请一定不要错过本书，它将会是启动你“演讲天赋”的十全大补丸。

序言　成功演说者的特质

两个关键问题

如果你问大家：“在等待上台作简报或演讲的时候，你的心里都在想些什么？”

你可能得到的答案普遍是：

“我准备得够充分吗？我确认没有遗漏什么吗？”

“万一我忘了讲稿内容，我该怎么办？”

“我是否熟记讲稿并能熟练把控整个流程吗？是不是应该再多练习几次？”

“万一到最后我还是搞砸了，我该怎么收场？”

“我为什么要自找麻烦的答应做这次演讲？”

“天啊！真希望这一刻我的演讲已经结束了”

……

一切都是怀疑和恐惧惹的祸！我们之所以会紧张，是因为我们害怕在别人面前显得笨拙可笑。

本书将在第 4 章为你揭示告别这种困扰的简单方法。

如果你再问大家另一个问题：“在你听过的演讲当中，哪些人能紧紧抓住你的视线，吸引你的注意力呢？”

金恩博士、苏格拉底、林肯、甘地、丘吉尔、罗斯福、卡内基等人，都是众所皆知的魅力演说家，但若要问哪一个人的演讲最能抓住听众的注意力，那一定要说到第 35 任美国总统肯尼迪。

肯尼迪在演讲时，总显得愉快且自在，同时又不失权威与关怀，令人着迷，深得听众的信赖。他有一种魅力，让你觉得他本人非常重视你的参与和权益，好像他对你许下了诚挚的承诺。

在他众多著名的演讲中，最为人津津乐道的，就属他的总统就职演说。这篇短短的演说成了激励公民的典范之作。这篇演说与第 26 任美国总统罗斯福的第一次总统就职演说，被并称为二十世纪最令人难忘的两次美国总统就职演说。

在演说中，肯尼迪呼吁全人类团结起来，共同反对专制、贫困、疾病和战争，更鼓励美国民众承担更多的义务，做出更大的牺牲，他说："不要问你的国家能为你做些什么，而要问你能为你的国家做些什么。"（Ask not what your country can do for you, ask what you can do for your country.）这句话更成为美国总统历次就职演说中，最脍炙人口的语句之一。

但若说到伟大的演说家，那么十九世纪蝉联多任英国首相的威廉·尤尔特·格莱斯顿绝对是世界上最伟大的演说家之一。曾有记者这么形容他："格莱斯顿在晚年的竞选场合上，从来不化妆、不用乐队、不使用麦克风，更不使用讲桌好让自己看起来高高在上，即使在造势大会上，面对台下数十万热情的听众，他依然不改平实的作风。他这么一个老头子，就这样一个小时又一个小时，一场接一场地阐述他的理念。而台下的听众，总是专注聆听，没有一个人咳嗽，也没有人离开。"

成功演说者的四种特质

“一位好老师，必须能够和他的学生产生心灵共鸣。”英国诗人约翰·密尔顿曾这样说过。同样的，一位成功的演讲者也必须具备这样的条件，才能使你的演说打动听众的心灵。这样的条件包括几项重要的特质。

一、愉快和自在

当我们看到歌手想要飙高音，却又没有十足的把握时，不但会觉察到他／她的焦虑，我们自己也会忍不住为他／她捏把冷汗。

同样，如果站在台上的演讲者表现得笨拙或不自在，我们也会为他感到紧张，或者为他的笨拙表现感到不耐烦；但若他表现得轻松自在，好像很乐于与我们说话，我们也会愉快地跟随他的节奏，融入他的演出中。

二、诚恳、可靠和关怀

就政治人物来说，我们都知道，他们必须表现得非常诚恳，才能赢得选民的信任。即使是不诚恳的政客，为了能够当选，也都会把诚恳“演”得淋漓尽致。可见，诚恳和可靠，很容易在极短的时间内令人产生信心。

多年前，强生公司曾发生一起止痛剂泰利诺胶囊下毒事件。事发后，强生总裁亲自上电视，向股东们保证绝对不会让他们的投资有所损失，也向全国民众担保他们的生命安全。

他从容、自在的领袖气度，使得强生公司在他九年的总裁任内，盈余成长了三倍。他看来就是那么的诚恳、可信，而且流露出另一种重要特质——关怀。

三、热情

请你回想一下，每次去百货公司逛化妆品专柜，或精品专柜的时候，你都会注意到什么呢？你会不会观察哪一家专柜的生意最好？或者看看哪位专柜小姐最漂亮？

如果你有仔细观察的话，就会发现，销售业绩最好的专柜，其专柜小姐未必是最漂亮的，但她们通常对自己的产品深具信心，对工作充满高度热情。

热情、活力、冲劲、坚信自己的理念，这些都会左右听众的聆听意愿。

有位国际知名的广告公司高阶主管，曾经对“热情”做了这样的诠释：“热情是无与伦比的资产，它的伟大与重要性，是金钱、权力和影响力所远远不及的。一个充满热情并怀抱乐观希望的人，可以赤手空拳地说服别人、支配别人。但如果缺乏热情，即使派出一整连的营销部队，也无法激起人们的丝毫兴趣。”热情会赶走偏见和对立，能够化解懒散，只要有它存在的地方，一切障碍就会被吞没，最后必定达成目标。在职场上也是如此。如果能把热情带入你的职场，把它传染给办公室里的每个人，甚至每个部门；它会带给工作伙伴喜悦、愉快和满足；它代表生命力和活力。在传递热情的同时，你也会自然地看到令人惊奇的效果，你的付出一定会有报偿。拥有热情的人，就能得到人心。

四、权威感

即使你在讲台上表现得愉快、自在、诚恳，充满关怀和热情，但是如果缺乏了权威感，那么在讲台上或客户面前，你依然是个没有分量的人。权威感，其实就是在告诉听众“我对这一切都了如指掌！而且我能分担你的重担、解决你的问题。”

在总统大选期间，美国总统里根与对手进行第一次电视辩论时，显得手足无措、焦虑不安，他的眼神明显告诉电视机前的观众：“我失败了！”

但在第二次辩论时，他找回了平日的权威感，说话时充满能量与活力，且条理分明。这次他的表现获得了观众的肯定，眼神更是在向观众宣告：“我已经重新掌控全局。”

到底要怎么做，才能传递出愉快、自在、诚恳、关怀、热情和权威感等讯息，好引起听众的注意呢？想要做到这些，你需要善用以下的工具：

- 清楚的理念
- 表达理念的语言和形象
- 仪容

- 语气
- 眼神
- 脸部表情

当你能够灵活的运用这些工具时，它们就会产生一股力量，让你可以：

- 让听众或客户留下深刻印象
- 争取到客户
- 谈成生意

演讲前，该如何精确的准备？

为了让演讲能完美进行与收尾，在答应演讲的同时，你必须问清以下问题，如此才能针对听众做好事前的准备工作，让演讲可以获得圆满的结果。

听众是什么样的人？

接到演讲的邀约时，必须先问主办单位听众是什么类型的人。是事业有成的中产阶级？是学生？还是妇女团体？当知道听众属于何种年龄、职业或阶层，你才能针对听众的需求做准备。

例如，当你要演讲的对象，是一群三四十岁、事业有成的妇女时，你就知道要在穿着打扮上呈现出专业的感觉；在演讲内容方面，也必须收集完整、具有十足说服力的数据，并且还要能适时提出数据来佐证你所讲的话。

请给听众一些东西，无论是一种形象，还是一个观念，只要你提供的东西是有价值的、能让听众带回家的，这都会让你充满成就感。

听众会有多少人？

有位旅游达人，受某大型旅行社邀请，为他们在国际旅游展上演讲。旅行社告诉他，由于展场上的摊位非常多，各家航空公司、旅行社都各出奇招的招揽生意，所以不确定会有多少人有兴趣停下脚步来听演讲。

在那次的演讲中，这位旅游达人确定了他的演讲方式，不论到时候听众有多少，他都会用对着十几个人演讲时采用的那种亲切、温暖、无距离的方式来演讲。

出乎意料的，现场挤满了近百位听众，而且都对他的演讲给了极高的评价。

他觉得那是因为他用对了方法，让听众和他之间有了双向沟通，台上台下和谐互融，而不是他一个人在台上唱独角戏。

虽然这个故事最后的结果令演讲者满意，但我们要警惕“一招走遍天下”。事前掌握的讯息越多，演讲才越容易成功。

事前掌握来听演讲的人数，可以让你对演讲做好更完整的事前准备，以期能打动听众的心；同时也避免在上台后，发现听众爆满或稀少，才突然惊讶不已，或觉得自己的准备不够完整。

还有其他演讲者吗？他们要讲什么主题？

有位热心公益的名人，有次应邀为某儿童基金会的筹款活动上演讲。根据他的经验，演讲并非这类公益活动的重头戏，募款才是，因此他认为只要准备个十分钟内的演讲即可。谁知，到了现场后，他才得知他是整场活动的唯一主角。幸好他随机应变，把自己当成那一个小时内的活动主持人，以问答的方式和台下的听众互动，顺利渡过难关。

在一家以理工专业闻名的大学的毕业典礼上，某位核能公司总裁与某电视台总经理同时应邀发表演讲。核能公司总裁先讲，当他讲完后，电视台总经理接着走上台，但他所准备的主题与内容，都与前一位演讲者相似。

在这种情况之下，电视台总经理的最佳做法应该是，趁着核能公司总裁讲话的时候，迅速修改自己演讲内容；或者对台下的听众说：“我很感谢总裁说出了我想要说的话。我只有两点要补充……”

电视台总经理只花了五分钟便结束演讲，却赢得台下热烈的掌声，正是因为他上场的时候已经过了中午十二点，而他也很清楚，此时再也没人能接受冗长的演讲了。

自己是第几位出场的演讲者?

某家石化企业集团意图将其事业范畴扩展到医疗事业上。在他们的第一所大型综合医院完工，准备举行命名典礼前，院长请他的秘书帮他做好演讲的准备。但这位院长还是非常焦虑，因为他的演说紧接在集团总裁之后，而总裁是位非常具有魅力和说服力的演说家。

院长不曾做有过公开演讲的经验。他忧心忡忡地问医院公关经理：“我该怎么做，才能让听众注意到我讲话呢？”发言人说：“你必须自信地展现自己的风格。”

他们重新改写了原本的讲稿，并且在公关的指导下，彩排、演练了数次。终于，他完全克服了内心的紧张情绪，获得了满堂彩。

如果可以选择的话，请尽量选择当第一个出场的演讲者。第一位演讲者和演讲内容，会让听众有新鲜感，而且这个时候听众的头脑也最清醒，能相对专注地聆听你的演讲。同时，你可以不必担心你所讲的主题会与其他演讲者重复，而听众也不会拿你和前面的演讲者做比较。

我应该讲多久?

在你要做任何演讲前，你都要问清楚，这场演讲是否有其他演讲者？以及他们会讲多久？

任何超过二十分钟的演讲，对听众的耐力都是一种考验。即使你的资料很丰富，也请把你的演讲控制在四十分钟内。过长的演讲，只会让听众觉得你是在疲劳轰炸。很多时候，令听众感到惊艳的演讲，正是因为它的简短、利落，留给听众“意犹未尽”的感觉。

主持人会对我做很好的介绍吗？

一般而言，活动主持人的对演讲者的介绍，通常很少能引起听众对演讲者产生好奇与兴趣。因此，当你接受演讲邀请时，不妨事先将自己的介绍词写好，寄给主办单位，请主持人依据你所写的内容进行介绍。

在你撰写自己的介绍词的时候，不妨把你的成就、兴趣列举出来，或举出一些有趣的、令人意想不到的事。

在一次财经座谈会上，主持人在介绍一位著名的金融专家时，先是列举了这位专家在金融界与教育界的许多杰出成就，最后却用这句话作为收尾："但是这位金融专家一生最伟大的成就是他每天都发誓一定要戒烟成功，而且每隔一个小时就戒烟一次，现在就向各位介绍……"

我的演讲被安排在什么时刻？

演讲的时间非常重要。如果你的演讲被安排在一大早，那么你需要更多的精力才行，因为你得更早起来做准备。

一般说来，最佳的演讲时间是午餐前，因为此时听众拥有最清醒的头脑。听众通常会在午餐后陷入昏昏欲睡的状态，如果你被安排在这时候演讲，必须要讲得更精彩，带给听众更多的活力，才能战胜他们想睡的欲望。

如果你的演讲被安排在四点以后，这时由于人们的体力已经被大量消耗，此时你的演讲需要更简短，更能激励人心。

若你的演讲时间被安排在晚上，那么你最好把演讲时间控制在十五到二十分钟，最多不要超过四十分钟。尤其是当你必须在晚餐后演讲时，更要小心控制好时间。毕竟，酒足饭饱后，大家的心情都放松了下来，如果演讲者此时在台上喋喋不休，听众可能会因为对抗不了瞌睡虫而纷纷睡着。

第1章

演讲稿：打磨整场演讲的内核

时间：充分的准备才能带来好的效果

许多伟大的作家，在写作时总是拥有巨人般的自信，但是当他们站上讲台时，却容易变得慌张、不知所措，瞬间变成一个侏儒。他们之所以在台上台下会有如此大的落差，常常是因为他们拖了太久才开始准备讲稿所致。

深受我们喜爱的那些在历史上流传的感人名言，并不是作者的一时灵感脱口而出的。那些看似信手拈来的佳话，其实都是经过作者一再琢磨而来的。

加拿大经神医学家布兰达·米尔纳，在神经科学上的成就享誉全球，但她却曾为了准备一场学术发表会，花了一整个下午的时间拟定讲稿，只为了构思其中的一句话。

什么时候开始准备演讲内容最好呢？答案是，演讲开始的两星期前。你可能会说：“我的工作这么忙，没有办法那么早准备！”大多数应邀演讲的人，不外是社会名流，专业领域里的权威人士，或精明能干、位高权重的企业家。他们虽然清楚提早准备的重要性，但总以“忙碌”为理由，直到演讲前几个小时才把讲稿写好，或者趁着前往演讲场所的路上匆忙完成讲稿。

演讲，是与听众分享自己的人生经验；演讲，是要让听众带着收获回家，让自己感受到“被肯定”的成就感。所以，如果你没有时间把讲稿准备得尽善尽美，就不要接受邀请。

打磨：从文字到语言的“蜕变”

有份国外杂志曾刊载一幅漫画，描述有位演讲者在走上讲台后，一开口便说：“现在，我要丢掉事先准备好的演讲稿，像个正常人那样和大家聊天。”

在听过无数场的演讲后，我发现，不论是自己拟写，或是请他人代笔的讲稿，他们都犯了一个共同的毛病——不够口语化。这种讲稿经常给别人一种这样的感觉：这个人是在念稿子或背稿子。

不论你的听众人数是寥寥几人，还是人数上万，在演讲的时候，请你务必做到“口语化”。你不妨在拟写演讲稿时，先把你要讲的话念出来，然后再将它们写下来。

在准备讲稿的时候，请尽量使用短句和主动语气。例如，要说“我相信”而不是“有人如此相信”。在人称的使用上，要多用“我、我们”和“你、你们”，以拉近与听众的感情联系，同时请尽量避免提到不相干的第三人。这有助于让你的演讲更加口语化。

当你想要表达理念时，不妨想象你正在和某个人聊天，然后把你要对他讲的话写下来，再拿起来念一念，这会让你的话显得更加自然且生活化。

如果是做概括性的论述时，就要举出明确的例子、数据和事实。利用证据来支持你的论点，可以提升你的权威感。

在开始动笔写讲稿之前，不妨在脑海中过滤两个问题：

我是否有什么可以让听众耳目一新的题材？

我是否有什么办法可以让我与其他演讲者区别开来？

一个好的演讲者能随时随地构想自己的讲稿内容。不论是乘车、等电梯、走路上班，还是做事，他通常会随身携带一本笔记本，以便灵感突然涌现时，可以及时将它写下来。

“好的写作是一种和思绪的搏斗。”所以最好尽早开始准备。等到演讲前两天才意图进入战场，已为时过晚。

主线：掌控演讲方向的路线图

演讲稿除了起承转合外，还要注意这三部分：引言、正文、结论。在准备讲稿时，你可以针对这三部分分别准备一个档案，以便你把收集的各类资料，放到适当的档案夹里。

把收集的数据浓缩成三四个重点，然后拟定大纲。让思想循着适合的大纲架构发展。大纲有如你原始构想的一幅详细路线图，在你为寻找适当的语气和风格而陷入困境前，大纲会提醒你先检查一下自己的思考是否合乎逻辑。

小故事、佳句或实例，都可增加演讲内容的丰富性与趣味性，因此，在你准备讲稿的阶段，你也可以用符号标注出在哪些地方要加入小故事或实例。

模板：什么样的演讲稿最容易成功

大多数听众选择来听你的演讲，都是想从你的演讲中获得启发。所以，你需要首先确认演讲稿的中心思想。

在写讲稿时，要先想想你演讲的目的，想想你的听众、场合。除此之外，你还可以透过一些问题，来衡量你所写的是不是一篇好讲稿。

- 这篇讲稿是否提供了新观念或新角度？
- 内容是否言之有物，并令人感觉亲切？
- 组织是否严谨？
- 语句是否流畅？
- 是否能鼓励听众身体力行？
- 所用的语句是否都为理念所服务？
- 是否能让读者清楚感受到它的主旨？

写讲稿时，还必须谨守一个非常重要的重点——简单易懂。

其实，简单又直接的句子，可以轻松成就一场伟大的演讲。华而不实的演讲，反而容易导致失败。同时，我们还需要在写讲稿时避免以下几项手法，以免演讲失色：

· 不要使用难发音的文字，以免被它们困住。

· 不要使用只有你的专业领域才看得懂的专门术语。

· 不要使用夸大之词或毫无意义的陈腔滥调。

即使你演讲的对象是自己的同事，也要使用简单、易懂的字眼，不要使用专门术语。通常，只要把讲稿里的专门术语全数拿掉，它就会令人印象深刻。尽量让你的演讲亲切自然，不要咬文嚼字。

那么，另一个问题是，最理想的讲稿长度应该是多少？根据统计，最理想的演讲时间为二十分钟内。如果你必须分享非常重要的数据，最长也不要超过四十分钟。人们通常能一分钟讲一百八十字，在你准备演讲稿的时候，你可以以此为基础，去计算出你的讲稿该写多少字。

开场：写出吸睛开场的5个要素

想要使得演讲生动有趣，抓住听众的目光与心灵，就必须做到以下五个要点：

· 开场白要能出奇制胜。

· 引用名言、小故事来丰富内容。

· 口语化以拉近与听众的距离。

· 多举实例或实证。

· 有力的结尾。

如果你能在准备演讲时，考虑到这五个要点，你就无须担心演讲内容，充足的准备也可以帮你化解掉部分紧张情绪。

你最好在演讲的开头就摆脱一般演讲者的开场白："我很高兴……""我很荣幸……"

你可以试着采用以下的开头：

以提问的方式开场："你们当中有谁一年飞行二千英里以上？"

引述名人或伟人所说的话："印度圣雄甘地曾说——生由死而来。麦子为了萌芽，它的种子必须要死了才行。"

描述景象："在美国路特兰城的某个十字路口旁，竖着一个警示标志，上面写着——小心！别走错了路，否则你要走十七里才能回头。"

有时候，只讲再简单不过的一个字"钱"，就能令听众竖起耳朵听你说话。

幽默感：4个要点，让你的笑话引起共鸣

每个演讲者都希望演讲的每个环节都能按照他的期望顺利进行，甚至希望自己穿插的笑话也能得到预期的娱乐效果。因此，如果你要讲笑话，这个笑话一定要符合下列四个条件，才能达到令人满意的娱乐效果：

· 命中要害。

· 力求简洁。

· 精确掌握时机，让笑点实时引发笑声。

· 你所讲的故事必须是最近没有人讲过的。

有位科技公司的副总经理，应邀在盛大的经理人员聚会上，针对策略规划发表演讲。她用一则小故事作为开场白：

某位非常知名的律师，在工作一天之后开车回家。他一边开车，一边愉快地想着自己蒸蒸日上的律师事务所，以及他新买的花园洋房。

突然间，“碰”的一声，一位农夫驾着割稻机，从一旁撞上他的车。农夫懊恼地跳下割稻机，跑到律师的车子旁看了一下，然后又跑回割稻机前，并从工具箱里拿出一小瓶威士忌，又跑回到律师的车子旁边，把酒瓶递给一脸怒气的律师。律师接过酒，往嘴里灌了一大口后，觉得心情好过一些了。

农夫催促着律师再喝一点，好压压惊。于是，律师又连喝了好几大口。

喝了好几大口酒之后，律师觉得心情非常舒坦了。农夫再次催促着说：“再多喝一点吧。”律师邀请农夫一起把那瓶酒干了。这时，农夫平静地说：“噢！不行，我不能喝酒，因为警察马上就要到了。”

农夫心里显然早就做好了策略规划。也许这样的规划看起来不值得一提，但它确实是农夫深思熟虑后的计划。

幽默不同于笑话。幽默可以制造轻松的气氛，让听众更好地吸收信息。在众多幽默的方式中，效果最好的是“自我解嘲式幽默”。尤其当演讲者是公司的最高主管时，他/她的自我解嘲，更能引起听众的认可，从而让听众自觉站到演讲者那边。

幽默，可以归纳四个条件：

· 你所讲的笑话要适合你个人气质，与你的论点融合，还要能学会入乡随俗。

· 把故事加上人名和地名，将它变成是你个人的经历。

· 自我解嘲。把自己或家人的故事或经历拿来开玩笑。

· 简短。当听众对漫长的演讲开始失去耐心、坐不住时，也就听不进你讲的任何东西了。

亲近感：用小故事和佳句拉近听众距离

“如果你一直讲述，那么你的听众能听到；如果你亲身示范，那么你的听众能看到；如果你让听众融入其中，那么他们会记住。”小故事能让听众看见一幅真实的影像，让他们融入其中。

试想一下，如果你的门铃响了，却看见你最好的朋友倒在眼前，你会作何感想？想必听到这个问题的人的脑海中都会不自觉浮现出这个画面，就好像这件事发生在你眼前一样生动。

小故事能使你的演讲变得生动。因此，你尽可以“贪心”地去搜集身边的小故事。每当我听到一则有趣的小故事，我就会竖起耳朵用心聆听，并将它们记录下来，作为日后演讲或写作时的资料。例如，我曾经在一本书上读到某位总统夫人所说过的一段话。她说：“女人就像茶包，除非加入热水，否则你永远不知道她的内在如何。”我也把它收到了个人的档案里。

所以，请睁大你的眼睛，竖起你的耳朵，养成收集的习惯，把合适的故事和佳句收集到专门的档案夹中，要相信，一分耕耘一分收获。

节奏感：咏叹调式结尾更佳

就像歌剧总以咏叹的高音作为结束，演讲的结尾也应如此，名言佳句通常可以为演讲画下完美句号。

有位演讲者曾在一场面向高阶管理者的演讲会上以传媒大亨泰德·透纳的话作为收尾：“当领袖或是做跟班，不然就滚蛋。”

如果你找不到有力的故事或佳句，你可以使用几个重复语气的句子做结束，也能让演讲有个完美的结尾。例如：如果，我们有远见，如果，我们都伸出援手，如果，我们希望子孙有美好的明天，现在，我们就团结一起的付诸行动。

重复语气的句子会产生节奏感，传递出一种讯息，告诉听众演讲即将结束，就好像汽车从三档换到二档、一档，最后停住。此时，你便会听到掌声响起。

真实感：作家毛姆自查稿件的秘诀

大多数要上台演讲的人，都会碰到一个同样的难题——不会写文章。

事实上，你不必是一位文笔流畅的完美作家，却依然可以写出一篇令人赞赏的演讲稿。最重要的是，你要知道你的缺点在哪里，你才能知道该在何处努力。

举世闻名的作家威廉·萨默塞特·毛姆，在其自传里写道：“我知道我所懂的词有限，我不诗情画意、不擅于使用比喻、没有想象力……我知道我写的东西，永远无法达到我所希望的尽善尽美，但是我也知道，我还是可以尽我所能写出东西来。”

写讲稿时，就是要做到毛姆所说的“尽我所能写出东西”。只要尽力而为，你在台上演讲时，就会像你在台下一样的真实、自然。现在，你可以自信满满的走上讲台，不必担心演讲内容是否有趣，或是有没有说服力了。

口语化：写不出稿件，应该找谁帮忙

有位航空业集团总裁，在接受电视访问时，主持人问他："上个月你应邀在与大学生对话的活动上演讲，你的演讲是那亲切、自然。可是，最近当你在官方的场合中演讲时，你却好像变了一个人似的，演讲的内容非常正式且保守。这是为什么呢？"

总裁回答："因为在官方场合上的那篇讲稿，是我请人替我撰写的。其实，平常演讲的时候，我是很口语化的，可是我的撰稿人替我写的那篇讲稿，只适合阅读，很难自然的口述。所以，我就这么陷在那篇讲稿里了，演讲起来当然就显得正式又保守。"

似乎，所有的专业演讲撰稿人，在撰写讲稿时，总是容易忘记一个重点——口语化。有位撰稿人，回想起第一次替人写演讲稿的情形："我坐在宽敞的后台，从我的老板口中讲出我生平所写的第一篇讲稿。但是，在听完他的演讲之后，我感到万分羞愧。那篇讲稿的每一个字都出自我的手，可是此刻我却发现，它根本不适合以口述的方式呈现，反而比较适合阅读。"

你找来的撰稿人，不但要能够把讲稿写得口语化，还要适合你讲话的语气，同时还要避免使用那些你平常就不会使用的字眼。否则，你找来了这个撰稿人，其实是在给你自己找麻烦。

简洁化：稿件修改要点，区分诚实和懒惰

大音乐家萧伯纳曾写信给一位朋友，在信中，他抱歉地说："请原谅我写了这么长的一封信，因为我没时间写封简短一点的。"

要写一篇简短、紧凑、言之有物的演讲稿，确实要比写一篇冗长杂乱的文章花更多时间。通常，初稿总会耗费大量的时间，同时读起来让人觉得愚蠢。

不要为了诚实、坦白，你把所有的话统统说出来。这不叫诚实，这叫懒惰。请在撰写稿件的时候认真斟酌你到底要讲什么，要说什么话。

任何一篇演讲稿，在经过修改后都会变得更好。所以，请删掉内文中的多余的文字和华而不实的辞藻，让整篇讲稿更紧凑、直接、有力。你必须摆脱自恋，对自己所撰写

的讲稿更冷酷、实际一点。只有精通用字之道，文章才能有力量。当你的想法只用一个字就能清楚表达时，就不要用到两个字。讲稿写好后，多问问朋友的意见，请他们指正。虽然你不一定会接受朋友们所提供的意见，但他们还是会很高兴与你分享他们的看法。只有在你经过多次修改和练习后，你才能带着十足的信心上台发表。

一如前文中所述，讲稿要提早两个星期开始准备。你不妨在写好初稿后，先把稿件放一放，数天后再重新读一遍，这时你便能清楚发现稿件需要重新删改的地方。

听众化：通过录音机尝试角色转换

当你的讲稿修改得差不多了的时候，你可以用录音机把它录下来，然后背对着录音机听一遍自己念的讲稿，这是因为如果你面对录音机，很容易受到主观影响。

聆听自己的录音能帮你发现你的讲稿是否足够口语化，也能让你注意到你的讲稿内容是否有所遗漏，或是有多余的信息。

聆听自己的讲稿，能帮你激发出修改的灵感，重复几次之后，你就会对你的讲稿越来越满意。

在聆听自己念出来的讲稿时，你必须注意到以下几项重点：

· 讲稿内容组织是否完整。

· 措辞是否足够口语化。

- 讲稿开场白是否引人入胜。
- 讲稿结尾是否有力。
- 是否引用足够的小故事和美言佳句。
- 随时修改，直到满意。

号码化：突显演讲重点的有效方法

如何在演讲时突出重点呢？是要另外准备一些重点句子？还是带着整篇讲稿？

当你站在台上，一边讲话一边低头看着密密麻麻的稿子时，很有可能会找不到下一句要讲什么。这种在台上埋首于讲稿中，寻找下一句的情景，好比站在你家的大门口，摸遍身上每一个口袋，但就是找不到钥匙。

讲稿应该是在讲台上帮你增强信心的好朋友。你需要“标出重点”，让眼睛能迅速看到下一句要讲的话，这样你才能轻松控制演讲节奏，避免结巴或脑袋一片空白的窘状出现。

如何才能“标出讲稿重点”？首先，你要把写好的讲稿大声念出来，用记号笔在你觉得重要、需要停顿的地方标注出来，直到把整篇讲稿画完。如此一来，你的讲稿自然就会分成许多段。

接着，你可以找来一本空白的横线笔记本，从左到右，把你刚才所画的重要句子，一一写在笔记本上面，把每个句子第一个字提高约半寸，再把相同概念的几个字放在一组，每组之间留下一行空白，并在前面编号。按照这种“一行一句”的方法写出来的讲稿，很容易帮你提示重点。

你只要看一眼讲稿，就可以轻易找到下一句话，然后你可以抬起头，一边讲一边用眼睛扫过听众。你的左手大拇指正好可以按在每组句子的号码旁，你可以一边讲一边移动手指，这样你就不会陷在一大堆文字里面，找不到要说的那句话在哪儿。

这个方法对阅读障碍者或讲话不太流利的人，更是一大福音。当你把讲稿念熟了后，就会发现，你能把整篇讲稿中各组句子都记在脑海中。当你把讲稿念出来时，耳朵自然会听得到，脑子也会把它记起来。对有些人而言，演讲时只要带些小卡片，上面记着一些提醒的字词就够了。

但是，这些简单的字词，无法帮助你讲出很有力量的句子。更何况，当你一边看着小卡片一边讲话时，你的眼睛会如何转动？你能抬起头来看着观众，但你却没办法和听众进行目光交流；而当你看着听众的时候，可能你的心里又在焦躁地想着下一句该说什么。当你脑海中不停搜索下一句时，你可能会不自觉地发出犹豫的声音，这会让听众觉得你的演讲不够连贯。当你使用“一句一行法”处理完一篇讲稿后，请注意不要把所有的讲稿钉在一起，这有助于你及时切换演讲页。你可以把每张讲稿的右下角折起来，这样在演讲时你就不必低头翻阅讲稿，而听众也不会注意到你在翻阅讲稿。

本章重点整理

· 提早两个星期开始准备讲稿。

· 口语化演说，能拉近与听众的感情联系。

· 小故事、佳句或实例，可增加演讲的丰富性与趣味性。

· 讲稿的长度不宜超过二十分钟。

· 出其不意的开场白，能立即抓住听众的注意力。

·“自我解嘲式的幽默”有助于化解对立的气氛。

· 名言佳句可为演讲划下有力的句号。

第2章

加分项：通过仪态、语气和眼神改善现场表现

吸引力：仪表就是说服术

一个优秀的演员，一上台，还没开口说话，就能立刻吸引所有观众的注意力，这是因为他看起来充满魅力。

要拥有出众的仪表，第一要事就是“姿态端正”。端正的姿态会让人忍不住对你“停、看、听”——停下一切动作，注视着你，听听你要说什么。

“仪表”是一种说服术。仪表出众的人，能控制任何社交场合，他们对自己非常有信心。有些人生来就仪表不凡，可对大多数人而言，出众的仪表需要后天的努力——追求得体。

你可以在家里练习自己的仪态。首先，站在镜子前面，观察自己的站姿。把全身的重量平均分配在两脚跟上，抬头挺胸，这样你看起来就会显得更加挺拔，具有权威。

许多人不论在什么样的场合，永远是作“虾米状”整个人瘫靠在椅背上，两腿向前伸，全身肌肉松软，就像个事不关己的局外人。

不论是在任何场合，即使你是位听众，你都处于别人的注目下。你需要摆出“权威式”坐姿——抬头挺胸，缩小腹，身体微微向前倾，前臂放在桌上，让手腕到手肘的中心部位靠在桌沿上，双手交握，这能让你看起来全神贯注，就像一个能掌握全局的人。

“仪表出众”就是最佳的非语言说服术。出众的仪表会让你更加自信，显得权威，让你能更坚定地走上台去，畅谈你的理念，告别紧张。

亲和力：用语气让对方放下戒备

演讲时要使用自然又亲切的语气，除非你是当今最伟大的演说家，否则绝对不要使用所谓“演讲式”的语气。当你在演讲的时候，不妨想象你正与坐在餐桌对面的人交谈，你对他说话的语气，也正是你对听众演讲的语气。

据说圆桌起源于亚瑟王，亚瑟王用圆桌表示，赐予同桌的武士同等的地位。在中世纪时，大家普遍使用长方形的餐桌，主人坐在长桌的中间，前面摆着盐罐。主客坐在主人的右边，也就是在盐罐的右方；次要的客人则坐在盐罐的左边。在这种长桌上，客人与客人之间想要交谈时，只能靠喊。

圆桌鼓励大家彼此交谈，因为，当你转头和旁边的人讲话时，你的颈子不会扭到。你不仅能和旁边的人讲话，也可以和坐在对面的人交谈。在圆桌上，你可以与任何人交谈。

在圆桌上，人们的沟通采用的是一种“餐桌语气”。当他们说话的时候，身体会微微倾向对方，双眼直视着彼此，彼此交谈、彼此说服。他们的交谈充满活力、热情洋溢，而且对自己的理念深信不疑。

正是活力和热情，能让听众接受你的理念。不论是公开演讲、业务简报，还是销售话术、竞选演说，我们都应该用这种语气。

这种语气能对听众产生什么效果？我们都听过意志可以影响身体，那身体能否影响意志呢？想想看，当你听到不同的声音时，你会有什么不同的反应？当我们听到粉笔在黑板上刮得吱吱作响，我们可能会感到浑身不舒服，当我们听到铁锤在水泥墙上敲打，发出令人头痛欲裂的声音时，我们的身体和意志都会不由自主想要逃避。当你听到一首优美的音乐时，你会有什么反应呢？你可能会在心里说：“这音乐真的太美了，真希望可以再来一首！”用有力的声音演讲，会让听众的身体产生一种正向反应，让听众在心里对你称赞，你也能读到他们眼中的赞许。如果你站在台上，声音颤抖，眼神不安，相信你的听众也能感受到你的紧张。但如果你站在台上时活力四射，态度从容，那么你的听众也会透过他们的眼神告诉你："是的，我同意你所说的，请再多讲一些。"

信赖感：用视线为你赢得信任

当你对着一群人演讲时，你的眼睛应该要看哪里呢？艾默生曾说："眼睛，可以像一把上膛的枪，威胁你的生命；眼睛，也可以侮辱你，像是一阵嘘声或踢你一脚；眼睛，如果散发出慈爱的光芒，则会让你心花怒放，雀跃不已。"

当我们看一个人时，通常最先看的就是他的眼睛。眼睛，表达出无穷的内涵。它们会透露一个人的心灵深处的感情。当一个人心情不同时，他的眼神也会变得不一样。喜悦时，它们会闪闪发光；悲伤时，它们会低垂，热泪盈眶；愤怒时，它们会射出怒火；心里充满爱时，它们则会散发出朝阳般的光芒；心里充满嫉妒时，它们会流露出嫉妒；愿意牺牲奉献时，它们会流露出高尚的情怀。

许多犯了错的人，在法庭上会表现出绝对清白的模样，但往往一个不经意的眼神，便让他泄了底；有些人平时极少眨眼睛，但一被质问，便会眼神不定、眼睛眨个不停。

如果你在演讲时，眼睛老是盯着桌上的讲稿，或是紧张到不敢抬起来看着听众，你的听众就会对你失去兴趣。没有人愿意听一个闭着眼睛的人讲话。在你演讲时，百分之九十的时间，你都应该看着听众。

如果你不知道该怎么做，不妨找个朋友来练习，请他对你讲几句话，然后观察当他讲话时，他的眼睛都看向哪里。他是看着你的眼睛？看着墙壁？盯着天花板？看自己的手？还是他的眼神飘忽不定？

现在换你对他说话，并试着直视他的双眼，观察自己是否也有同样的问题。如果有的话，便及时修正。通过练习，当你站上台演讲时，你自信坚定的眼神，将会深深吸引住听众的注意力。

在演讲的时候，演讲者的眼睛和舌头，经常会受制于写在纸上的讲稿。如果你能在事前演练个三四次，你的演讲就可以看起来很熟练。如此一来，在你演讲的过程中，百分之九十的时间你都可以抬起眼睛看着听众。尤其，在演讲的开始、结尾，以及每个问句、警告或者勉励结束时，请记得一定要把眼睛抬起来，相信你会赢得听众的注意。

突破点："重点观众"帮你突破演讲

也许你的朋友曾给过你许多建议。他们的建议也许是，选一张看起来比较友善的脸，然后对着他讲。也许有人会建议你演讲的时候对着听众的鼻子，或对着听众席后方的墙壁。这些方法都大错特错，不值得一试。

理想的方法应该是：低头，迅速看一眼讲稿重点，然后抬起头，一面用目光扫过全场听众，一面讲出重点；接着再低头迅速看一眼讲稿，再抬起头来，同样用目光扫视过全场听众。你可以依照这样的方法完成你的演讲。

要特别注意的是，当你用眼睛扫过听众时，不要对他们视而不见，而应该让你的目光"接触"到在场的每一双眼睛。当你在街上看到一位非常吸引人的异性时，你应该会眼睛一亮，你的眼睛此时会传达一些讯息，让对方感到你在注意他。

这样的目光接触，能让每个听众都感觉演讲者有如只对他一个人讲话一般，两人之间也就建立起了心灵上的互动关系。即使坐在最后面一排的人，甚至看不清楚你的眼睛，但还是能从你的动作中，感觉到你对他的关心。这种目光接触，可以抓住听众的注意力。他知道你的目光有那么一瞬间停留在他的身上，而且还会再回到他身上，所以他的注意力会一直追随着你的身影，等待下一次的目光接触。

唯一性：“看”进观众心里的秘诀

左右眼交视，就能“看”进听众的心里！某位政客在记者会上与来自全球数百位记者面对面时，会轮流看着记者的双眼。他的眼睛不是像钟摆那样，机械化地转来转去，而是像要把他的讯息深深烙印在记者的眼中一样。他看起来非常诚恳，让电视观众感受到他很想用心灵和每一个观众沟通。

当你使用这种方法与听众交流时，你的眼白部分会随着眼球转动，时而变大时而变小，双眼看起来闪闪发亮，专注自信。

在你上台演讲之前，不妨找个朋友先演练几回。看着朋友的一只眼睛，一面对他讲话，一面把你的目光转到他的另一只眼睛上，如此左右眼交视一直重复下去。接着，请你的朋友也以同样的方式和你讲话，观察看看他讲话时，他的面部表情是否会越练习越生动？是否比第一次练习时更能打动你的心？

很多医生很少会在给病人问诊时看着病人的眼睛。他们总是一边询问病人症状，一面检查，有时候他们还需要一边看着扫描影片，一面分析、解释病情，甚至还要填写病历数据。但是，日本某大医学院教授提醒他的学生们："在看诊时，你们必须能'看'到病人心里，要让病人感觉到，此时此刻他是你唯一关心的人。"

演讲更需要善用"左右眼交互凝视"的动作，"看"到听众的心里，让他们感觉到，他们每个人都是你唯一关心的人。

互动性：如何才能让观众欢迎你

许多人在公开场合讲话时，不知是因为分心低头看讲稿，还是因为紧张，很容易面无表情。面对这种面无表情的演讲者，听众自然也不会有任何回应。

你给别人什么脸色，别人也会回报你相同的脸色。如果你春风满面，对方也会露出愉快的神情。可见，愉快的神情，是最佳的化妆品，而且免费。愉快的神情会带来活力，它在对听众说："我很高兴来到这里演讲，与你们共聚一堂，共度这愉快的一个小时。"

"愉快的神情"和"微笑"不同。"微笑"有时候就只是把两边嘴角往外拉开，但"心"却没有跟着拉开，也就是"皮笑肉不笑"。"愉快的神情"需要整张脸的配合，不只是眼睛，嘴巴和整张脸都要很愉快。它在告诉听众，你很高兴来到这里。

面部表情会影响个人的感觉。心理学家们曾针对人类的面部表情进行一项研究。他们把一群人分为二组，两组分别观赏同一部悲惨电影。第一组观众被要求皱着眉头观赏电影，另一组不要皱眉头。

电影开始放映后，“皱眉头组”的悲伤情绪比“不皱眉头组”来得强烈,而且这种悲伤的情绪还持续了好几个小时。这表示，我们的头脑会接受脸部肌肉所传达的感觉。我们的脸不只反映出心里的感受，也会告诉我们的头脑要有什么感觉。

所以，当你在台上演讲时，请记得把愉快的笑容挂在脸上。这样不仅你会感到愉快，你的听众也会对你回报以欢迎。

两个重点：既重视“理念”，也不轻视“形象”

如果你把上述的方法都用上，是不是就能成功说服听众？如果我们把“说服他人”的要素按重要性排序的话，依次为：表达的方式占50%，仪表占40%，谈话内容占10%。如果场景切换到做业务简报，又会如何呢？

如果两个业务人员同时要争取一笔生意，两人的竞争力以及他们所开出来的条件不相上下，最后谁会拿下这笔生意呢？毫无疑问，当然是仪表出众，同时又具备成功演讲特质的人，会赢得最后的胜利。

有家企业集团的总裁在被问及“在听取部属业务简报时，最重视什么？”时这样答道：“我听过也看过太多的简报，但最能引起我注意的是表现出的热情和活力，能让我感受到共鸣，产生触动。”

这家杂志的客户也表示，他们选择广告公司的重要一点是——对方在进行简报时，所表现出来的热情和活力。

有了理念与形象，还要有出色的仪表，才能说服听众。

自我考核：像观察别人一样观察自己

如何知道自己在演讲时表现的好坏呢？ 心理学大师弗洛伊德曾说："一个人必须试着更客观的观察自己，观察自己的每一部分，就像观察别人一样。"

如何才能客观地观察自己？最好的方法就是——透过摄影机。

一个杰出的运动员，为了使自己的技能够精益求精，会反复观看自己在练习与比赛时的录像带，从中找出自己的缺点并加以改进；同时还会观看对手的比赛录像带，挖掘、学习对手的过人技能或绝招，并寻找他的弱点，以便日后两方对抗时，可以适时的牵制对方。

录像可以让你清楚看到自己的优点与缺点。如果你想要知道自己的演讲表现，我在这里强烈建议你使用摄影机。

你可以假装对着一百个听众，做个四分钟的演讲。透过摄影机，你可以像所有旁观者一样观察自己的演出，看到自己很满意的部分，也看到自己不成熟的部分。如此，你就会知道该保留些什么，舍弃什么，修正些什么了。

如此重复练习三至四次后，比较每次的录像内容，相信你一定会为自己的改变感到惊喜。

即席演讲：4个不败原则让你随时出口成章

不论参与什么形式的会议，你都要做好随时被要求表达发言的心理准备，即使原本的程序上并没有安排你发言，但你依然有可能会被临时邀请针对某些问题提发表看法。总之，事先做好准备绝对有利无害。

如果你在毫无准备的情况下，突然被要求提供意见，这时你只要把握以下四个“不败准则”，必定可以马上流畅的演说。

一、吸引注意力

· 针对听众的兴趣

· 引用小故事和比喻

· 给予建议

二、说话有信心

· 以关怀的语气演说

· 掌控场面、面对挑战

三、引用证据

· 加入专家意见

四、结尾有力

· 提出解决办法和方向

· 鼓励付诸行动

你不妨趁着其他人在台上讲话时，赶快写下这四个“不败准则”的重点大纲，然后依照逻辑次序排列，加上一个出人意料的开场白，还有一个有力的结尾，如此，一篇讲稿就完成了。

本章重点整理

· 出众仪表的第一个要件就是“姿态端正”。

· 演讲时，要使用自然又亲切的语气！

· 演讲的开始、结尾、问句、警告、勉励后，都要抬头看听众。

· 左右眼交视，就能“看”进听众的心里！

· 无论在讲台上或会议上，都要保持“愉快的神情”。

· 被要求即席演说或提供意见时，要把握四个“不败准则”。

第3章

练习法：“自然”是“练”出来的

有效练习法：不要死背，而要熟读

有位学生总是不善于背课文，对此，他感到非常沮丧。当他向老师说抱歉时，老师这样对他说："不要死背，而要熟读。把课文大声读上几次，课文自然就会变成你自己的话了。"

当你把课文重复念或听几次以后，课文就变成你自己的了，这就是熟读。课文一旦变成自己的，你就可以控制它。当它从你的口中念出来的，它听起来会非常自然，不像死背的那么僵硬。

演讲也是如此。你可以假装自己此刻就站在台上正式演讲。你要抬头挺胸，盯着眼前流露出不信任神情的听众，然后把讲稿大声念几次，讲稿自然而然就会变成你自己的话了。除此之外，还有两个步骤能帮助你记住讲稿内容。

你可以先运用视觉，记住每个句子的组合，再借着听觉记住每个句子念起来的声音和韵律。就好像当你向人们要电话号码，但身上却没有纸笔把它写下来时，你如何记住这个号码？通常，你会记住那些数字读起来时的韵律一样。如此，你便能熟读讲稿了。

默念练习法：没条件练习时怎么办

不出声的练习有效吗？研究发现，把资料大声念出来，或是在心里默念，都能帮助记忆。不过两种方式的效果有所差别。

有两位教授针对学生做了一项实验，把一班学生分成二组，要求一组学生大声念出功课，另一组不必念出来。结果，他们发现，把功课大声朗读出来的学生，比没有朗读出来的学生更能记住所学的功课。

这两位教授另外还进行了一项实验。他们指导一群高中生，利用这套“大声朗读法”读书，没想到，许多学生的阅读能力都跳升了两级，大学入学考试的分数，平均提升了百分之十四。两位教授最后的结论是：名列前茅的学生都是大声朗读出来的。在环境允许的情况下，尽量采用大声朗读的方法来熟读讲稿；但当环境不允许时，默念的方式也一样有效。

新鲜感：“新鲜感”和“反复练习”不冲突

要演练多久，上台后才会表现得自然且有自信呢？曾经有一位大师这样回答：“最好不要事先演练。没有经过排演的演说，才会让人觉得新鲜、自然。只有不经演练、第一次讲出来的话，才能呈现最自然的效果。”这其实是一个错误的建议。

即使是天生的演说家，在站上台演讲的初期，也难以克服内心的紧张与害羞。所谓“熟能生巧”，想要在台上表现得生动自然，唯一方法就是练习再练习，直到技巧熟练并产生信心，如此在台上才能流畅且放松的讲话。

许多经常到处演讲的人士、企业家，习惯在演讲之前，利用在飞机上或车上的时间把讲稿看一遍，或是仓促拟订演讲大纲。这样做只会令你自己陷入准备不周的窘态。

古希腊最著名的演说家德摩斯梯尼，患有先天口吃。为了训练自己的口齿，他曾含着石子来诵诗。为了增强自己的声量，他去浪声呼号的海边练习。为了学习演讲技巧，他曾经把自己关在一间地下室整整三个月。为了确保自己在完成目标后才出关，他还剃光半边头发，等他的新头发长好时，才从地下室出来。最后他成为雄辩术的典范人物。如果德摩斯梯尼也觉得演练不重要的话，他就不会成为希腊最有说服力的人物了。

演讲大师同时也是《说话的艺术》一书的作者史蒂芬·卢卡斯，曾责备那些不做演练的演讲人。他说："演员在演出之前，总是再三排练。可是我相信没有一位演讲者会下如此的功夫，虽然他们在其他方面的学习及自我充实上花很多功夫。这足以证明，演讲者疏于演练的唯一原因，是因为他们不懂得演练所带来的惊人效果，除此之外，其他的理由都是借口。"你不必像德摩斯梯尼一样，为了演讲把自己关在地下室三个月，但是你却必须要大声地演练。只有如此，你才能从容地站在讲台上，一开口就抓住听众的注意力。

表现力 1：最后一次练习最好在什么时候

最后一次练习的时间，要尽可能接近正式演讲的时间。

如果你的演讲时间是早上十点，那么你最好在早上七点就起床做最后一次演练。如此，等你正式上台后，你的讲稿就会成为你的好朋友。

如果在演讲的前一天，你都没有完整地把讲稿重新演练过一次，等到正式踏上讲台时，你就会觉得讲稿冰冷而陌生。

许多经常应邀演讲的名人或企业家，总是说他们没有时间预先练习讲稿。这根本就是推卸责任的借口。如果真的忙到没有时间做事前练习与准备，就不应该答应演讲邀约。奥美广告公司前名誉董事艾利特，就曾经花二十八个小时来准备一场演讲。结果证明，他事前的反复练习为他赢来巨大的回报。

表现力2：用声调语气为你的胜利加码

为了让你的演讲令人难忘，除了事前要把最重要的讲稿练习到滚瓜烂熟之外，还要注意语气与声调的变化。

意志会影响身体，身体也会影响意志。颤抖带鼻音的声音，听起来就好像粉笔在黑板上作响一样令人难以忍受；低沉、中气十足的声音，就像一首大提琴协奏曲，能抚慰人们的身心，让人们在不知不觉的变得平静专注。

有位实力值得肯定的插画家，为了个人发展，她希望自己可以拥有更有力的谈判能力，偏偏，她的声音听起来就像个害羞的小女孩，这让她在与客户谈判时，经常会被对方认为不够专业。她不想在作简报时让人觉得自己咄咄逼人，有攻击性，但也不能表现得太谦卑温和。于是，她努力改掉自己原本耳语般的害羞小女孩的声音，不断练习如何在群众面前正确的发声，最后她终于大放异彩。

现在，她与客户开会、作简报时，脸上的表情变得生动活泼，双眼也闪闪发光，与先前的模样判若两人。

表现力 3：让你的声音更有磁性

想要知道自己在演讲时的声音听起来如何？是否具有吸引力？最好的方式就是——录下自己的声音。当你的声音与语调听起来活力充沛、抑扬顿挫时，听众自然而然会被你吸引。

如何使自己的声音有吸引力呢？有两个方法可以帮助你达成这个目标：发声练习；胸腔共鸣。

做发声练习时，要把手放在腹部肌肉上。收缩腹部肌肉，就像在划船时腹部发力那样，每划一下，腹部肌肉就会随着收缩一下。就是利用这种收缩肌肉的力量，来持续你的声音。

能够做到胸腔共鸣时，你的声音听起来会非常悦耳有力，也不会发出刺耳的鼻音。如果你觉得自己的鼻音很重，想要改善这个问题的话，就把一只手放在腹部上，另一只手平放在胸口。当你讲话时，胸口上的那只手应该会感受到震动，然后试着说“啊……”看看是否感觉到胸部的共鸣。如果没有感觉到，就要不断的练习，直到你能感觉出来。这种方法可以使你的声音一天之内就变得有磁性、具有吸引力。

表现力 4：用音调语速为你的表现增加魅力

你需要避免声音单调，否则就算讲稿写得再好也没用。没有任何抑扬顿挫的声音，平淡到令人忍不住想打瞌睡。

大部分人认为，演讲时必须大声、用力，或是提高音量来加强语气。演说家西赛罗却指出："不要每句话都用力气，有时候要小声一点。如此才能区别出那些重要的部分，就像画家会运用不同层次的颜色来突显主题一样。"

降低音调，反而更能强调某个字或某句话的重要性。许多训练演讲的课程，都教导学生在重点处提高声音，其实这是错误的做法，正确的做法正好相反。当你想要强调某个字或某句话时，不妨降低音调。无论你要强调的是形容词、动词或是词组，都要降低音凋，甚至就连肯定句或结尾的音调，也都应该降低音调。不需要刻意使用任何特别的高音，或是故意把音拖得很长，只要降低我们平时的自然声音就够了。

重要的字或句子不要划起来，否则你念起讲稿会显得不自然。先把讲稿大声念一念，听听看像不像是在餐桌上与对面的人讲话？接着，再把音调降低一些，使你听起来很有权威感。

讲话速度不要太快，否则你会没有思考的空间，也会使得你所讲的每句话听起来都一样。请记住，最适当的速度是一分钟讲一百八十个字。讲话的速度太快时，听众会没有时间消化你所要传递的讯息。有时候还要停顿一下，告诉听众："请想想我说的话。"在重要的论点、勉励、宣告、问句之后，也都要稍微停顿一下，把眼睛抬起来看着听众，就能让听众会有所反应的。口头禅不要挂在嘴边。说话时不要夹杂着例如"你知道吗？""明白了吗？""嗯哼""啊哈"之类的口头禅。如果你有这样的毛病，请在你的手表上贴一张红色的小贴纸，上面写着你习惯夹杂的口头禅，并在上面打一个叉，如此一来，相信你可以很快改掉这个习惯。带着活力讲话，让房间四周的墙壁把你的声音反射回来。这证明你活力充沛，足以影响别人。你靠的不是提高音量，而是以活力取胜。

提升秘诀：如何知道演讲是否成功

有什么方法可以知道，你的演讲是否比以前成功呢？方法就是：请别人使用摄影机再为你拍摄一次。

现在，请你打起精神站在你上一次录像的地方，穿上看起来很有权威感的衣服，并想象台上有上百人正专注聆听你的演讲的情况下，做一次演讲。讲话时，眼睛要抬头看着听众。

在播放这段影片之前，先看看上次的录像内容，然后再播放这次的内容，两相比较，你便能立刻知道自己进步了多少。要比较哪些项目呢？它们大多与眼睛有关。

以前：眼神犹豫不定。

现在：眼神坚定、自然。以前：在讲台上显得没有信心。

现在：仪表出众，自信、有权威感。以前：表情呆板、神情紧张。现在:脸上散发出愉快自在的神情,有朝气。以前:讲话语调平淡、沉闷。现在：讲话抑扬顿挫，收放自如。

两次影片内容的比较之后，如果结论是：

现在的你，自信自在，完全不紧张!

那就表示你的演讲是成功的。

本章重点整理

· 在正式演讲之前，大声演练讲稿几次。

· 最后一次演练的时间，最好排在正式演讲的前一天或几个小时前。

· 注意语气与声调的变化。

· 说话要有力量。

· 用餐桌上的语气说话，但声音中要有活力。

· 在演讲开始、结束或问答时间，都要抬起眼睛看着听众。

· 把前后两次的练习录像带相互比较，便知道自己进步多少。

第4章

克服紧张的方法：腹肌挤压法

事前准备：4个步骤帮你告别紧张

站到台上演讲时之所以会紧张，是因为我们害怕失败，害怕自己显得笨拙，令别人失望。假如你能做到以下四个步骤，你就再也不必害怕紧张了。

· 把讲稿重新整理成适合眼睛阅读的素材。

· 用正确的方法演练几遍。

· 建立权威的外表。

· 从心理和身体着手控制紧张。

当你做到第 1 和 2 项时，你已经完成了百分之五十克服紧张的工作；等到你做好第 3 和 4 项的准备时，就能帮助你改变态度，自信走上讲台，掌握自己也掌握听众。

腹肌挤压法1：消除紧张带来的生理反应

深呼吸，能不能帮助你放松，并防止因紧张而引发的喉咙干哑、腹泻等问题？

许多演讲专家和心理医师都会建议，当处于紧张状态时，可以用深呼吸的方式放松身心。事实上，这个方式未必有效，甚至会适得其反。不相信吗？那么你不妨现在就深深吸一口气，然后摸摸喉咙和颈部肌肉，它们是否很僵硬紧绷？

真正能够克服紧张的有效方法，应该是从如何“吐气”着手，而不是透过“吸气”来化解。有位被称为“戏精”的影帝，即使获奖无数，但是每次站上舞台时，依然会感到紧张不已，生怕无法完全掌控自己的表演。此时，他都会重复做一个动作。

他会站在舞台旁，非常用力推着墙壁，一副好似要把它推倒的模样，同时嘴里还念念有词的。其他演员对他这种举动感到好奇，问他为何如此。他回答："这可以帮助我控制紧张。"

这个推墙壁的动作如何能够克服紧张呢？其实它自有其道理。当我们用力推墙壁时，身上的肌肉会随之收缩，似乎让我们的身体产生新的力量。反复做了几次之后，紧张的情绪自然化解不少，也就不再害怕上台开口说话了。

当然，你总不能每次上台演讲前，因为紧张，就对主持人说："抱歉，我紧张到双脚有点发抖，请多给我几分钟时间，我必须推一下墙壁。"所以，在上台前，你可以做什么动作是别人看不出来，却可以得到与推墙壁同样的效果呢？

首先，问问自己："推墙壁的时候，我的身体有什么变化？"你会发现，在推墙壁时，腹部的肌肉会收缩，这块肌肉位于肋骨下，是块非常重要的三角形肌肉。当它收缩时，你会感觉到神奇的效果。

想要了解该如何运用这个部位的肌肉，就请试着做以下的动作。选一张椅背垂直的椅子，坐在椅子上，挺直背部，身体微微向前倾，双手并行压着桌沿，手指向上，然后开始往前推。你会感到手掌根部和手臂都有一股对等的力量反推回来。这套方法称为“腹肌挤压法”。

收缩腹部肌肉，可以防止体内分泌出令人产生恐惧的化学激素肾上腺素。所以，当你准备上台时，请坐在椅子上，挺直背部，收缩腹部的肌肉，然后微微张开嘴巴，慢慢吐气，并轻轻发出“嘶”声。不论你在任何场合演讲，都很方便做这个动作，而且不会引起人们的注意，自然也就没有任何事情会让你紧张了。

腹肌挤压法 2：为你的生活注入活力

腹肌挤压法除了有防止紧张之外，还能帮你带来许多益处，例如，它还可以消除愤怒情绪，减轻沉重的压力与疲劳，并且能够产生活力。

当繁重的工作压力把你压得快喘不过气来时，也可以试着收缩你腹部的肌肉，等你做完这套腹肌挤压法后，你会觉得自己就好像打了一针强心剂，整个人像是重新活过来了。使用这套方法并不受时间的限制，你整天都可以做这个动作，让自己时时保持活力。

腹肌挤压法对改善声音也很有帮助。当你收缩腹部时，整个横隔膜以下的肌肉也会随之收缩，并把空气从肺部排出，压迫声带，然后发出声音。当你因为紧张而声音不停发抖时，收缩腹部就可以让你的声音变得力量充沛，不再颤抖。腹肌挤压法还可以减轻疼痛与寒冷。例如，当你感到恶心、不舒服时，都可以利用这套方法消除这些感觉。又如，当你坐飞机遇到气流，飞机摇晃不定时，腹肌挤压法还具有防止晕机的作用呢。

如果你陷入愤怒或失控情绪的时候，腹肌挤压法也能浇熄你的怒气，平静你的心智，让你很快恢复理性。

腹肌挤压法就像踩刹车，每当你发现前方有问题时，就赶快踩下它，避免自己陷入困境或麻烦。经常使用腹肌挤压法，久而久之，它会变成一种自然反应，一种下意识的反射动作每当遇到任具威胁性的情况，就先收缩腹部，来控制自己、控制环境。它的功效胜过任何消除紧张的药物，而且不用花一毛钱。

某家企业集团的财务经理，有次面对公司的全球各地代表发表演讲。他站在台上，表情僵硬不自然、口干舌燥，手心还不停冒汗，连自己都搞不清楚自己在讲些什么。这时他想起了腹肌挤压法。在那一刻，他迅速的对台下的听众说：

“实在很抱歉，我实在太紧张了！我想大家刚才一定都听得一头雾水，因为连我自己都不知道自己在讲些什么。

现在，请各位给我三分钟时间，容我带领大家做一套克服紧张的腹肌挤压法，然后我再重新向大家解释公司未来的整体财务规划……”

他把腹肌挤压法教给在座的每个人。短短三分钟内，他觉得自己的身心都得到了活力，也看到台下的听众在跟着做完这套挤压法后，都纷纷露出放松的表情。他重新讲了一次内容，而且这次表现得非常有自信，也很有权威感。

如果你觉得无法控制自己紧绷的身体、紧张的心情，无法控制听众的注意力时，请想想腹肌挤压法，相信你很快就会恢复正常。

临场表现：不同的态度带来不同的表现

有位运动心理学家发现，当运动员在高度紧张的竞赛场上比赛时，一旦他们调整态度克服紧张情绪，他们的比赛成绩也会跟着改变。

有一位自行车选手，在参加奥运比赛时，怎么都无法克服紧张情绪。教练见状，便鼓励他："别忘了，你可是两届全国自行车冠军，并拿下洲际杯自行车赛的冠军。"

这位选手说："教练提醒了我，其实很多选手都害怕和我一起出赛，也有很多选手把打败我视为目标。教练的话帮助我修正态度，让我的心态从紧张自己会失败，转变为相信'我的对手都很怕我'，并带着这样的信心，我把负面的情绪放在一边，把怀疑抛在脑后，全力冲刺。"

紧张，往往是被脑海里浮现的第一个负面念头所影响而引起的，而你的负面情绪也会感染听众。在你走上讲台的那一刻开始，你的情绪、你在内心里对自己说的话，都会传递给听众，如果你对自己说你很紧张，听众也会感受到同样的讯息。调整态度克服紧张，你才能在一开始就抓住听众的注意力。

选择适合的态度，就像在衣柜里挑选衣服一样要根据不同的场合，挑选一件最合适、得体的衣服。调整态度，就好像给内心穿上了情绪的盔甲，可以阻挡紧张情绪的入侵。不论你已上了讲台，或者预备要上台演讲，你要表达的情绪都不应该悲伤和挫折。那么你要表达些什么呢？答案是：你要带给听众温暖的感觉，让他们响应给你同样的感觉，同时还认为你很有权威感。

激励良言：消除紧张的4句口诀

上台演讲，你应该要传达三种重要的讯息：愉快、关怀和权威。但是，要怎么做才能同时传达这三种讯息呢？有四句“激励良言”可以融合这三种讯息。在上台前或正在演讲时，这四句话能为你带来信心，也会让听众感觉到你想要表达的讯息。这四句“激励良言”是：

· 我很高兴来到这里。

· 我更高兴你们来到这里。

· 我关心你。

· 我知道我要讲什么。

“我很高兴来到这里，我更高兴你们来到这里。”这两句话充分传达了你的愉快和自在，这是成功演讲者的四个特质之一。它表示你很高兴为听众做这场演讲。

“我关心你”则是表示对听众的温暖关怀。它真正想要表达的意思是“我正想着你”。它会使你的脸部和眼睛充满光彩与活力，同时表现出你关心你的听众。

“我知道我要讲什么”这句话，则是表达出你的自信、笃定与权威感。如果你准备很充分，你便可以对自己说：“我知道我要讲什么。”它会让你的听众感受到一股强烈的气氛，你可以掌握全局。

在开始演讲前，小声对自己说这四句话。如果重复说了几次后还不见效果，就把它们念出来，就像念经或念口诀一样，念的时候速度要快一点。注意，念这个口诀的时候，一开始的焦点是你自己，对自己说：“我很高兴来到这里”。然后，焦点再转到听众身上：“我很高兴你们来到这里”接着继续注视着听众：“我关心你”。最后，焦点又回到你自己身上：“我知道我要讲什么。”

把个这个口诀想象成一个圆圈，每句话代表轮子的一根轮辐。你每说一句话，轮子就会转一下。现在，趁着上台前，重复这四句话，同时用手指在空中画圆圈。不要停，否则你会让负面的情绪趁机入侵。

这就是克服紧张的口诀。它只会对你传达正面的思想和期待，好帮助你调整自己的心情，排除负面情绪。这些口诀具有抚慰的效果，能够安抚你的身体与心灵。只要你重复的念，紧张情绪就会很快的远离。它还会把你的正面特质传达给听众，即使你还没开口讲任何话，听众也能清楚感觉到。

不论是应邀演讲，或者主持公司说明会，或上台做项目报告等等，如果你是个很容易紧张的人，那么在正式上台的几个星期前，你便可以开始念克服紧张的口诀，把口诀念到滚瓜烂熟。想象着你所要面对的听众，然后对自己说："我爱这些人，我爱这些听众。"绝对不要让"我准备的够充分吗？"这类的念头入侵你的脑海和心中。不论你的听众是谁，如果你爱他们，他们就不会对你构成威胁。在等待上台时，也别忘了要念这个口诀。如此，当起身离开座位、走上讲台时，你已经把自己和听众控制住了。这套克服紧张的口诀，会让你充满能量，毫不犹豫站上讲台，脑海中完全不会出现那些负面的事。你会传达出这些重要的特质：愉快、自在、热忱、诚恳、关怀，以及权威感。

本章重点整理

· 通过腹肌挤压法收缩腹部肌肉，消除紧张情绪。

· 培养一种正面的态度，便能克服紧张。

· 消除紧张的口诀：

（1）我很高兴来到这里。

（2）我更高兴你们来到这里。

（3）我关心你。

（4）我知道我要讲什么。

第5章

用热情抓住听众注意力

注意力：2 句话助你掌控全场

如何在演讲一开始，就迅速抓住听众的注意力？请记住，你的演讲其实在你坐在台下等着被介绍上台前，就已经开始了。你就像坐在火箭发射台上，通过腹肌挤压法点燃引擎,用克服紧张的口诀控制自己和听众。在一切就绪后，就可以发射了。

经过事前多次的认真演练后，现在，自信的迈开步伐，大步走向讲台。当你站上讲台时，把眼睛抬起来，同时用视线扫过台下的所有听众，连坐在角落的听众也不可放过。演讲时，也要看着听众。你不必低下头看讲稿，用你的余光就可以看到了。

讲话时的语气，不妨使用你在餐桌上与人交谈时采用的那种自然、有力的语气，而且讲话的速度要不急不徐，如此，你对想要传达的理念所抱持的热情，能会感染听众。

要特别牢记的一点是，做开场白时，你的眼睛一定要看着听众。每次你低头看讲稿，在看到下一句要讲的话时，不妨立刻抬起头，眼神自然巡视全场。你的眼睛会传达出诚恳和关怀。

接着，你的脸上要显得兴致盎然。你不一定要笑容满面，但是要露出愉快的神情。你对着自己也对听众说："我很高兴来到这里，也很高兴你们来到这里。"讲完这两句话后，你会自然而然感到愉快而自在，你展现了你的权威感，你正在告诉听众——这里是我在掌控全局。

附加项：手势可以加分，也可以减分

演讲时要不要用手势？

有位擅长说话艺术的演讲达人曾表示：

“演讲时，请务必记住有两个忌讳的动作。其一是，绝不要把手放在口袋里，或者双手手臂紧贴着身体两侧，另一项是，双方千万不要乱挥，有如溺水者好像就快要被淹死在台上一般。”

站在台上演讲的时候，要把全身的重量平均放在两脚上，两手平放在讲桌上，并且抬头挺胸。左手配合着演讲的节奏，在讲稿上随着文字轻轻移动，利用眼睛余光迅速的瞄一眼下一句话；右手则轻轻捏着讲稿的一边或一角，每讲完一页，就翻到下一页。

手势未必能为演讲加分。

一场成功的演讲，不会因为丰富的手势而变得更完美；一场失败的演讲，也不会因为手势而变得成功。

如果你特别擅长利用手势来增加演讲内容的丰富性，那就请继续使用。不过要注意的是，手势应该用在讲话之前，不应该在讲话之后。

你的手势有没有为你的演讲加分呢?

看看听众的眼睛，你就会知道答案了。如果听众的眼睛看的是你的手，而不是你的脸，就表示你的手势会让他们分心。这种情况下，最好停止继续使用手势。

手势也具有化解敌意的效果。

例如，在棒球或篮球比赛时，有些球员因为表现不佳，或做出伤害对手的冲动举动，而引发球迷的不满，使得每次他被介绍出场时，球迷总是毫不留情地给他嘘声。有些情绪控制不佳的球员，一听到球迷的嘘声，反应就会更激烈，更进一步激怒球迷，而换来更大的嘘声。

其实，解决这个问题并不难，只要一个“手势”，便能化解球迷的不满情绪。

方法是，当这位被喝倒彩的球员进场时，他不妨先抬头看着观众，举起双手，并向观众微笑。这手势代表什么意思？它是种“示弱”的讯息，告诉观众：“我随你们处置，你们要怎样随便你。”如此一来，球迷也就会放下对抗的心态。

幽默感：危机全靠幽默化解

演说过程中，如果有突发事件怎么办？有一次，我应邀为某家企业的员工演讲，当演讲进行到一半时，突然警报器铃声大作，扩音器不停重复播放着："消防演习，请所有相关人员迅速集合进行救火演练……"广播声音久久不停，对于听众造成很大的干扰。

为了安抚他们，我讲了几个小故事，我说："这样的干扰，我早就司空见惯了。一年多以前，我和朋友去国家会议厅观赏传统地方戏剧。那是一场精彩的演出，观众们专注地看着台上的演出。只是戏演到一半的时候，会议厅的扩音器突然传出一阵恼人的背景音乐，而且没有人关得掉，音乐就那样一直响着。这时候，我看到台上的乐队演奏得更大声，而演员们干脆也把麦克风的声音开得更大。最后，从台下观众那充满热情又鼓励的掌声，我想我很确定台上的演员们赢了。”

所以，当你在演讲的过程中，突然发生紧急状况时，请你务必保持冷静，理智幽默地化解，如此才能把听众好不容易燃起的热情维持下去。

互动性：用“问题”启发“问题”

演讲完毕之后，通常会预留一段演讲者与听众互动的时间，让听众可以提出问题。所以当你问听众：“各位有没有什么问题？”时，如果你问了两次，听众依然没有响应，这时你便可以说：“对了，在我来的路上，有人问我……”或者“常常有人问我……”来化解沉默的气氛，或以此来诱导听众提出问题。千万不要叫听众把问题写在纸条上，然后传给演讲者。这是既粗糙又乏味的技巧，不但会使观众的热情瞬间冷却，还会使你失去和听众互动的机会。如果你担心在问答时间会出现沉默尬尴气氛，你其实可以与主办单位做好事前演练，事先拟定几个问题，一旦届时气氛变得很沉默时，就安排工作人员带头发问。这么一来，听众就会受到鼓励而提出问题。

如果有听众提出令你无法回答的问题时，请你据实回复对方，然后继续下一个问题。

小动作1：这些小动作容易让人分心

什么举动会令听众分心呢？许多人只要一紧张，便会出现一些泄露自己不安情绪的小动作，即使看了多年的心理医生还是改不掉。这些小动作例如：

搔头发、抓皮肤、发出“嗯……呃……”声。

在一个赈灾募款餐会上，应邀上台致辞的是一位行政官员。他在演讲时，有时搔头发，有时抓皮肤，遇到词穷时，还会不时发出“嗯……呃……”的声音，努力寻找下一句要说的话。过了二十分钟后，他原本梳理整齐的油亮头发，变得一团乱。

那天晚上，我们在饭店的大厅里相遇，并且热络的聊了起来。在聊天的过程中，他白天在台上的那些动作都没有出现。我问他，想不想把搔头发、抓皮肤、发出“嗯、呃”

声音的毛病去掉。他说他努力过，但从来没能成功。

我拿出一张黄色便利贴，在上面写了一个“嗯、呃”，接着那这两个字上面画了大叉，然后请他把那张便利贴贴在手表上，并对他说：“你每天都看很多次时间，所以当你看手表的时候，这个小贴纸就会提醒你不要再说‘嗯、呃’了。”同时，我也请他在演讲时，把双手放在讲桌上，这样一来他就不会一直想要去搔头发、抓痒了。

后来他告诉我，从那之后，他在演讲时，果真不再说“嗯、呃”，也不会搔头发、抓痒了。

小动作 2：这些小动作有损你的气质

许多人只要犯了紧张，就会出现一些不得体的动作，用尽了方法就是无法改掉这些毛病。其实，这些毛病是有方法可以除去的，而且只要花上几分钟就能办到。这个武器就是摄影机。

有位科技公司的中阶主管最近遇到了一个难题。他被调到竞争激烈的研发单位去，而他和这个单位的负责人一向彼此看不顺眼，这位负责人是他不喜欢、也无法共事的人。自从来到这个单位后，他变得毛病百出，老是不停眨眼、扭头，尤其在开会时或与负责人讨论事情时，情况更为严重。

公司建议他去看心理医生，但他选择去找了打从他进入大学后，便一直很崇拜一位教授，那位教授同时也是一位深谙说话技巧的专家。

一开始，教授先用摄影机拍摄他从头到胸部的特写，目的是要拍下他所有的小动作。然后，教授在他的头上放了一本书，让他练习把头挺直，不要让书掉下来。接着，教授又为他拍了一次特写，不过这次镜头并没有拍到头上的书。

当他看着教授为他拍摄的这两段影片时，他发现在第二段影片中，自己的头挺得很直，眼睛也不乱眨。他的那些小动作全都消失了。

教授发现他每次讲话中停顿时，都会不自觉伸出舌头舔一下嘴唇。他一直都没有注意到自己有舔舌头的毛病，他的助理也从来没有提醒他。教授请他每次讲话停下来时，就把嘴巴轻轻闭起来，这样他的舌头才不会伸出来。

经过他们那次的拍摄与修正后，这位中阶主管也改掉了舔舌头的习惯。

小动作 3：留意自己还有哪些坏习惯

演讲的时候，还有哪些举动会让听众无法专心聆听呢？以下这些常见的举动，同样也会让听众忽略你的演讲内容：

转笔、玩手指头、玩弄纸张夹子

转笔、玩手指头、玩弄纸张夹子等举动也会让人分心，所以要特别注意。我就曾经遇到一位企业高级主管，当他在对公司的基层员工上课时，不停地把手上的纸夹子弯来弯去，虽然是小小的动作，但部属们的视线却都不由自主的停留在他手上。

课程结束后，我提醒他要注意避免这个小动作，他才恍然说："天哪！我竟然还常常要求我的老婆不要一直把

‘你知道吗’挂在嘴边，可是她从来没有告诉我，我有这个毛病。”

在纸上胡乱涂鸦

在纸上胡乱涂鸦，也是一种很不好的习惯，这对听众是一种不礼貌的表现。当听众看到你的笔在同样的地方毫无目的的乱画时，他会知道你在涂鸦，而且可能会这么觉得：“他一定觉得对我们讲话很无趣。”或“他一定是个紧张大师。”

抖腿

在不同的场合里，我经常发现许多人会不自觉的一直抖腿。如果你也有这种毛病，请一定要努力想办法控制，不妨想象你的小腿绑上了沉重铅制绑腿一样。想想看，当你坐在椅子上，对着数十人或上百人进行报告时，单脚或双脚不停抖动的画面，它很容易招来听众歧视的眼光。

想要防止双脚抖动，就请试试看将双手紧握，放在前面的桌子上，相信你会看到不一样的结果。

把手放在口袋里

把手放在口袋里不一定不好，但是要视场合而定。女人把一只手放在裙子口袋里时，会给人活泼又时髦的感觉；有些男人把双手插在裤袋里，看起来一派轻松自在。

不过，如果你是在演讲或进行报告，把你的手放在口袋里，会让听众觉得很不舒服；或者因为不知道该把手放在哪里，所以放进口袋里，就会让人一眼看穿你的不安情绪。而最令人感到厌恶的举动是把手放在口袋里，并且无意识的把口袋里的铜板拨弄得叮当作响，这可能会直接引来听众的白眼与不耐烦的眼神。

嚼口香糖

在面对人群时，有些人咀嚼口香糖是为了掩饰内心的紧张，或是想要制造轻松的气氛与乐趣，只是，这样的做法反而让你显得低俗，使人们对你的印象大打折扣。所以，把这个举动留给你的个人生活即可。

本章重点整理

· 眼睛注视听众，让开场白就抓住他们的心。

· 手势要在讲话前使用，效果才不会扣分。

· 遇到突发状况时，不能让听众的热情冷却。

· 问答时间气氛沉默时，就安排工作人员带头发问。

· 留意自己是否有一些分散听众专注力的小动作。

第6章

瞬间得分的自我营销术

穿着力：穿着和工作表现同样重要

你身上所穿戴的衣物和你的外表，就是你的仪容，也就是你的包装。我相信每个人都知道，在职场上，穿着几乎就和你的工作表现一样重要。

有位任职于百大企业的副总经理，有天请求公司的公关经理协助他准备几天后的演讲。当公关经理走进副总经理的办公室时，看见他身上穿着一件色彩极鲜艳的格子外套，脖子上打着绿色的蝴蝶结，脚上则是白色袜子配上褐色皮鞋，整个人看起来活像是马戏团里的小丑，只差没有戴上小丑的面具而已。

副总表示，过去他在台上演讲或主持会议时，他发现台下的听众或部属经常会心不在焉，眼神常常停留在他自认为很“出色”的仪表上，导致演讲或会议的效果大打折扣。虽然总经理很想给他一些建议，但实在无法告诉他什么衣服不要穿,可是办公室里的录像机办到了。透过录像机，公关经理才了解到副总平日的穿着打扮，才能与他讨论他的仪容到底哪里出了问题。

在公关经理的协助下，副总经理开始修正他的穿着，而过去听众或部属不专心的问题，也慢慢得到解决。

个人魅力的关键：告别“成功穿衣法”

莎士比亚曾经说：“追着流行的尾巴跑，或者抢先走在时代的尖端，其实都不好。”你没有必要盲目追随最新的流行，说穿了，大部分的流行都是垃圾，真正能让你变得更美丽的东西实在少之又少。

女性在演讲时最好穿什么？要注意裙子的长度。裙子的长短很容易引起别人的注意。如果你穿着迷你裙上台演说或汇报，你一定会得到众人的注意力，只是听众可能会因此分心，对你达成任务毫无帮助。再者，流行和时尚总爱拿裙子做文章，一下子流行长裙、一下子短裙。如果你与客户见面作简报时，身上所穿的裙子长度正好与流行趋势相反，会使你看起来像个老古董。所以，不要做流行的实验品，也不要做死守传统的人。穿长裙或短裙，除了自己的喜好外，更须配合出席的场合，才不会使你的表现被模糊了焦点。不要穿得太平凡、俗气。上台演说时，穿着要给人“亮丽”的感觉，让听众觉得你对于所要讲的内容胸有成竹。在挑选衣服时，问问自己，这件衣服给我什么样的感觉？合适的衣服不但会让你觉得它穿起来很舒服，同时也能提升你的自信，觉得自己很棒，并增添你演讲的精彩程度。

许多书籍和专家都会建议女性所谓“成功穿衣法”，但是，只要看看职场上许许多多女性的穿搭，就知道这种穿衣法有多么的刻板、平凡。它使每个女人看起来都一样。我们再也不需要这种打扮方式。

研究显示，选择这种“成功穿衣法”的女性，比较缺乏安全感，工作经验较少。大部分女性现在都已经放弃这种制服式的刻板穿着，开始追求个人的穿衣风格。她们选择颜色较明亮、样式更柔和、剪裁更合身且立体的穿着。现今，套装看起来再也不会像男士西装的翻版，洋装与其他具时尚感的穿搭被广泛接受。该不该戴项链？超过三十岁的女性，上台演说时应该考虑戴项链，因为脖子上的饰品能够衬托脸部，而脸部最能传达讯息，因此，任何能把你的脸衬托得更亮丽的饰品，都是最讨好的。最好不要让脖子的部位空无一物，那样看起来会显得单调，也会使得听众的注意力由脸上转到脖子上。穿高领衣服时，最好加上别致的胸针，或戴上一串细致精美项链，或运用色彩缤纷的丝巾，来点缀单调空白的颈部，例如将丝巾打成三角巾或蝴蝶结。大翻领的衣服会让你显得过于孩子气，最好不要出现在演讲或上台报告的场合上；而像男士衬衫那种硬领的衣服，感觉太像军人或学生，也要尽量避免；领口开得太低的衣服，则容易让人对你产生错误的印象。

注意力：聚焦的颜色让你得到关注

在一场记者会上，有超过上百位的记者提问，其中有位女记者穿着鲜红色丝质衬衫，最后她得到了提问的机会。

不过，有另一位女性却表示，她的老板希望她在对客户作简报时，不要穿得太鲜艳，以免客户相形之下黯然失色，把客户的气势比了下去。

我并不认同这位老板的观点。既然要公开讲话，成为众人注目的焦点是必要的条件。所以你应该要穿那种当你一进谈话场所时，就立刻能够吸引众人目光的颜色。一旦穿了颜色吸睛的衣服，不必等你开口唤起大家的注意力，所有人便都已经知道“你来了”。

颜色的确具有令人精神一振的功效，尤其鲜艳的颜色更可以把沉闷的气氛一扫而空。红色、黄色、橘色、宝蓝色、粉红色等，都是能让人精神振奋的颜色，不只可以让你神采飞扬，同时也会让所有看到你的人眼睛为之一亮，脑筋清醒不少。而其中最能吸引人们目光的就是，在寒冬里穿上一件色彩鲜艳的外套。

整体感：别让配饰为你的表现减分

上台说话时，应该要穿戴项链、耳环、戒指和手环等首饰吗？项链的确能为你的仪容加分不少，因为它可以缩短锁骨和下巴之间的距离，使听众的注意力集中在你的脸上，并专注听你说话。如果你穿的是高领的上衣，那么佩戴几串细长的项链，或者戴一串珍珠项链，都会使你的仪容更添亮丽感。

耳环，则可以使你单调的脸庞变得耀眼，即使你戴着围巾，耳环一样能为你的脸部增加光芒。选戴耳环时，要避免会摇晃的款式，因为当它们不停摇晃时，会分散掉听众的注意力。会摇晃的耳环可以在社交场合上佩戴，也适合年纪较大的女性佩戴，因为当它们吸引了别人的注意力时，人们就不会注意岁月在颈子上留下来的痕迹了。戒指和手环，会使你的仪容更有整体感，但是千万不要戴满手的戒指，也不要戴会叮当作响的手环。

自信力：上台前的最后一项必要准备

发型和化妆方面，又应该怎么处理才得体呢？整齐干净是得体仪容的首要原则。当你站在台上讲话时，头发应该梳理整齐。千万不要一面讲话、一面甩头发；或谈话的过程中，不停伸手撩拨掉落到额头或脸上的头发，这些动作都会令听众无法专心听你说话。

有些女性会坚信“自信就是最出色的仪表”，因此坚持上台讲话时不必化妆。只是，无论你对自己多有自信，也不论事业多成功，只要借着一点点化妆，就可以使自己的外表加分，又何乐不为呢？

当你满心不安站在讲台上，不知道自己带给听众的印象如何时，你一定非常希望自己呈现出来的是最好的一面。这时，如果你没有化妆，以素颜见人的话，更会显得胆怯与没有自信。不过，即使在一个大礼堂里演讲，也不需要浓妆艳抹。但是要注意灯光是否都集中在你身上时，这会使你脸色看起来有点苍白。在这种情况下，你脸上的妆就需要稍微浓一点、颜色多一点，当然也别忘了唇膏。

素白的脸庞容易让人觉得毫无生气，化妆则可以让你看起来精神奕奕。大部分女性都表示，她们感觉自己最棒的时刻，就是每天早上刚化好妆时。

因此，在你上台说话之前，不妨先检查一下脸上的妆容，稍微补一下妆。

高贵感：男士这么搭配更得体

白色衬衫搭配素色领带，是从前金融界人士的标准服装,因为那样能赢得客户的信任。但是现在不一样了。现今，不分行业的，都已经穿上蓝色或深灰色西装，衬衫和领带的颜色也越来越有变化，男士们开始换上色彩淡雅的衬衫、打上漂亮的领带。尤其是从事创作的专业人员，他们在服装上的选择上就更自由了。

男士穿着得体与否的衡量标准是：你是否显得仪表庄重？没有任何服装比一套深蓝色西装看起来更庄重。这几乎是众所皆知的常识。但是，如果你觉得大家都穿深蓝色西装，所以你要穿深咖啡色西装，才能显得与众不同，也才能抓住人们的目光，那么我也只能期待：希望你看起来比别人好，而不比别人差!

衬衫的颜色，应该选蓝色或浅红、浅黄、浅粉红等淡雅的颜色，这些颜色都会让你看起来明亮、有精神。浅粉色更给人一种亲切、平易近人的感觉，不似深蓝色那般有距离感。当然，男人也有权利享受穿着各种颜色的衣服的乐趣！

颈部，对男性的重要性不亚于女性。如果一个男性所穿的衬衫，领口总是松松垮垮的，就会给人一种无精打采的感觉。穿衬衫时，衣领应该要刚好围住颈子，并且遮住喉结，以防说话时喉结不停上下滑动，而打散了听众的注意力。

领带应该打紧，领结要在颈子的中央。领带打得不结实的话，就像敞开的衬衫领口一样，会把听众的注意力从脸移到颈部以下。还有，请不要穿领子上有扣子的衬衫，那会使你看起来像个学生，感觉不够成熟。

要不要戴领结呢？领结很可爱，可是仪表不佳，对决策者而言，会显得过于天真。上台演讲还是选择领带比较理想。领带的花色不要太鲜艳、太花哨。一条印花领带，最好是蓝色、上面印有小小的图案，这绝对是最安全又稳重的选择。领带的宽度应与西装领子、衬衫领子的宽度一致，当西装领子变宽时，领带和衬衫领子也应该放宽。

要牢记的一点是，穿西装时，要把衬衫袖口露出约一寸长，如此可以给人一种高贵感。

统一性：最安全的搭配，给你最连贯的注意力

鞋子与袜子的搭配必须整齐。对男士而言，黑色皮鞋是最好、最安全的选择，咖啡色皮鞋则容易分散人们的注意力。除非你穿着运动服或休闲服，或者穿着咖啡色的裤子，否则咖啡色皮鞋看起来就是不搭。

尤其，如果你身穿一套蓝色西装，脚上却搭配一双咖啡色皮鞋，而且袜子还太短了，以致坐下来时，露出了一截小腿。这种上下不对称的景象，完全破坏了上半身得体穿着的整体感。

至于袜子部分，男士千万不要穿白袜子，最好选择黑色的，而且穿起来要高到小腿肚，以防露出白白的小腿。这个画面会严重地分散听众的注意力。

诚实感：清爽的外表让你看起来毫无隐藏

男人留胡子通常不外三个理由：一是，让自己看起来比较成熟;二是，隐藏难看的牙齿;三是，因为他们的太太、孩子喜欢逗弄胡子。有些人留胡子后变得更好看，但有些人却正好相反。不过，在你留了胡子之后，如果人们的目光总是停留在你的胡子,而不是你,那么你就应该把它剃掉。

如果你坚持要留胡子的话，请务必要像照顾你的头发一样，经常修剪、整理，保持脸部看起来干净、整齐。

心理学家认为，胡子代表着人们“装饰化的隐藏”的心态。不过,虽然人们留胡子是为了装饰,可是真正的目的,则是要把他们觉得不安全的东西隐藏起来。

想要知道你留了胡子之后，是变得更好看？还是适得其反呢？你不妨用对着镜子，用左右手的食指把胡子遮起来，然后开口讲话。镜中的你，是有胡子好看，还是没胡子看起来比较舒服呢？如果这样做你还无法确定的话，就听听家人客观的意见，如果大家都觉得没有胡子比较好看，那就别再留恋或犹豫了，把它剃掉吧。

不过，不论你多么喜爱留胡子，或留了多久的胡子，一旦必须上台演说，就一定要把胡子刮得干干净净。即使这表示你必须在一天中刮两次胡子，那也只好照办了。

本章重点整理

·亮丽的打扮，会令听众觉得你胸有成竹。

·穿着鲜艳颜色的衣服，可把沉闷的气氛一扫而空。

·不要一面讲话、一面甩头发或拨弄头发。

·穿着深蓝色西装会让男士看起来更具权威感。

·男士千万不要穿白袜子，最好选择黑色的，而且要高到小腿肚。

·不论你多么喜爱留胡子，要上台演说时就必须剃掉。

第7章

熟悉场地：助你事半功倍

演讲前，不可不注意的场地问题

在接受演讲邀请或预备进行大型说明会时，对于你要演说的场地，事先应该要掌握到以下的讯息。

· 场地的空间有多大？

· 场地将会如何布置？

· 是否有讲桌和麦克风？

· 讲桌的位置是在较高的讲桌上，或是和听众一样高的地板上？

事先和主办单位的负责窗口打听清楚这些讯息，你才能设计一个适合你的演讲环境，不至于到了演讲现场时才发现自己在状况外，而搞得自己心神不宁，无法全心投入演讲中。当站在台上，面对台下一群期待从你口中得到启发的听众时，你前面的讲桌就代表你的权威。所以，在上台之前，你必须要求主办单位调高讲桌的高度，如此你才不必弯下身子去看桌上的讲稿，但也不可以太高，以免你得踮着脚尖趴在桌面寻找下一句讲词。

有位身高不到一百六十公分的大学校长，在开学典礼上，他戴着一顶博士方帽，在高高的讲台上致辞。坐在台下的学生和老师，没有看到校长的身影，倒是看到一顶方帽子在讲桌上方动来动去。

所以，如果你的身高并不高，那么在上台前，应该要求主办单位找个十公分以上的小凳子，放在讲桌的下方。相对的，如果你是位高个子，就应该请主办单位帮忙把讲桌垫高，好让你可以舒服地看讲稿。

合理的座位安排，帮你实现最理想的效果

舒适的座位才能使听众专心聆听你的演说。不舒服的座椅，会使人不耐久坐而中途离席。

所以，听众的椅子必须宽大，椅背必须高而坚固，让每个人都可以坐进去，即使听众是身材高壮的运动选手，也能觉得舒适自在。尤其，椅背高挺的椅子最适合听众，因为坐得越直，就越能集中注意力。

听众席座位的安排方式，会直接影响到听众对你的演说的反应。如果你演说的场地并不是固定的座位（如大型演讲厅），最理想的排法是，第一排座位应该尽量靠近讲台，拉近与你之间的距离。如果听众和你之间距离太遥远，你就无法亲切的和他们沟通、互动，但椅子若排成直直的一长排，中间没有走道隔开，场面又将会变得冰冷且单调。

如果你是要在公司会议室里进行小型的演说或报告，不妨把座位排成半圆形，中间预留走道，这样会令听众有亲切亲近的感觉，而不是在听一场严肃、沉闷的演说。

所以在演讲前，你可以先与主办单位协调，让他们知道你希望会场要如何摆设，座位是要排成圆弧形？还是排成半圆形？中间需不需要留走道？

即使是在庞大的大礼堂里，这种座位排法也能制造出温暖、融洽的气氛，听众可以看到别人的反应，增进彼此的互动。

有扶手的椅子，拉近你和观众的距离

如果你演说的地点是在公司的办公室或会议室，场地又该如何布置？在办公室或会议室里作简报时，以圆形或椭圆形会议桌最适合沟通与传达讯息。圆桌能打破阶级意识和权力关系，使参与的每一个人都与你处于平等的地位。

不过，大多数的办公室或会议室都使用长方形的会议桌。如果你的公司也是用长方形桌子，那么你就坐在桌子的一端，并请参与简报会议的人员把椅子稍微转向你，这样你才能轻易看到参与人员的眼睛。

如果你是单纯在办公室里与客户面对面简报，就请把你的椅子靠近桌边，想象你就坐在餐桌旁与对面的人讲话。若是客户到你的办公室来找你商谈，你就该坐在你自己的位子上，请客户坐办公桌前，这样你会比有权威感。如果可以的话，就搬一张有扶手的舒适椅子给客户坐，这会让他觉得比较受重视。

有扶手的椅子会使你们的关系平等，没有扶手的椅子则会拉远你们的距离。如果你想要贬低对方的话，就给他一张没有扶手的椅子。

灯光决定你的临场表现

灯光重要吗？有必要特别去注意它吗？灯光当然重要。如果整个演讲场所灯光昏暗，演讲者的脸部只打了一边的光线，这种侧光会使得演讲者看起来很阴沉。

当你站在讲台上时，由正前方打来的灯光最能美化你的脸庞。因此，如果你想要确定当你演说时，讲台的灯光是否会正确的打在你的脸上，不妨在上台前，拿一面小镜子，在讲台上走一圈，检查一下灯光是否合适（如果你是男士，就向身旁的人或主办单位借一面镜子），看看你整个脸是否都很明亮，眼睛会不会变两个黑洞？

从正前方打来的灯光会突显你的脸庞的明亮度，也可以使得眼睛闪闪发光，让听众看到你眼里的热情。如果你的眼睛无法接触到听众的眼睛，你就无法触动他们的心灵。

被阴影遮住的眼睛，是无法传达任何讯息的。

日光灯是女性的头号敌人。它不但非常刺眼，更使你看来一点都不赏心悦目。想想看，你在灯泡下和日光灯下感觉多么不一样。灯泡所发射出来的光线柔和，且接近肤色的粉红色，给人一种温暖的感觉；日光灯所发出的光线，则给人一种冰冷的感觉，远无法突显出你最美好的一面。

所以，在上台演说前，请先检查一下演讲场所的灯光。如果你要到远地去演讲，请事先与对方提出你的需求。

音效为你的气场加码

当你做好了万全的准备，满怀热情的上台演讲，并期待得到听众的热烈响应时，却发现麦克风的声音断断续续的，或者讲到一半麦克风突然没了声音，听众只看到你的嘴巴不停动着，却什么都听不到。这场演讲彻底失败了。

如何检查音效，确认音效设备良好呢？在演讲前，请先试试音效设备。走到台上，对着麦克风讲话，并请音效控制人员注意听听看音量是否恰当？同时，请音控人员把低音调大一点，高音调小一点，这样你的声音会变得比较低沉、富有磁性。

对着麦克风讲话时，要和它保持适当距离。如果是固定式的麦克风，不要为了牵就它而使身体向前倾；如果是手拿式麦克风，就把它拿得和嘴部一样高，但也不要太靠近嘴巴，以防讲到某些字时会发出爆破的声音。许多人用手拿式麦克风时，都喜欢拿着它在讲台上走来走去，好像被关在笼子里的动物不停来回踱步一样。我的建议是，如果你演讲时站着不动，看起来会比较有气质。

如果你演说的对象是一小群人，演讲的空间也不是很大，那就问问自己是否真的需要麦克风？如果你是一个中气十足的人，那么舍弃麦克风，也许你还可以表现得更自在。

现场温度帮你赢得观众注意力

演讲场所里的温度高低，绝对会影响听众的专注力。房间太温暖时，听众会昏昏欲睡，如果再加上在午餐过后演讲，大部分的听众应该都会无法与睡意对抗吧。房间的冷气若是开得太强，听众也一样无法专心聆听，因为他们可能会冷到起鸡皮疙瘩，甚至冷到纷纷逃离会场。

如果演讲场所通风不佳，室内空气污浊，听众会变得烦躁不安；相对的，如果会场的空气流通而凉爽，就能抓住听众的注意力。也许你并不能改善会场的空气，但是你一定要提出这样的要求。

本章重点整理

· 掌握演说场地的状况，才能进行一场漂亮的演出。

· 圆形或椭圆形的座位安排，更能抓住听众的注意力。

· 灯光会决定你是否能够触动听众的心灵。

· 不良的音效会摧毁你万全的准备。

· 室内的温度太冷或太热，都会让听众无心聆听你的演讲。

第8章

视听设备：决定成败的关键

使用视听设备时要注意什么

戴维·奥格威，奥美广告公司的创办人、也是举世闻名的广告教父，曾说：

“视听设备是演讲时的妖怪，它们最有可能在重要关头出差错。”

在演讲之前，不论你把幻灯片的顺序或其他要用的机械检查了多少次，到了正式演出时，它们还是可能会不听使唤，导致许多主管常常因为幻灯片被夹住，而搞得困窘不堪，演讲效果也因而大打折扣。

使用幻灯机或其他视听设备时应该注意什么？使用视听器材失败的风险，和器材的复杂程度成正比。如果你要发表一次很重要的演讲，无论是排练或是王式演讲，都建议你最好安排一位技术人员在一旁随时待命。并且事先把你对视厅设备的要求，尽量详细、明确的告知主办单位。如果你会使用到幻灯片，最好事先在自己的转盘上装好，而且至少要检查三次以上，但是要注意转盘是否适用主办单位的幻灯机。如果你必须使用到录像带，就告诉主办单位你所使用的带子尺寸，他们才能准备合适的机器。

到达会场后，要先确定你要求的设备是否都齐全？并把机器放在你希望放的地方。如果你会使用到投影机，就要求主办单位准备大一点的桌子放置机器，机器两旁要留足够的空间放置其他数据。把桌子放在你的右边，让投影机距离你大概一只手臂的长度。若是你同时也会使用海报的话，就把它放在听众的看得清楚的地方。

当视听器材全都安置妥当之后，最好用胶带在它们的位置上用做个记号，以防止它们移动。接着，把投影机打开，检查一下焦距和画面。你可以用录音带盒子、书本或者其他任何手边的东西，来调整机器的高度。此外，最好在投影机上贴上一块大硬纸板，把光线遮一下，才不会让听众觉得刺眼。

在检查视听器材时，记得带着你要展示的幻灯片、投影片或是录像带，并请工作人员帮你操作，免得因对机器不熟悉，而把自己搞得手忙脚乱。如果不得已必须自己操作的话，最好事先把机器摸熟一点。

当你必须亲自操作幻灯机时，请把控制器用胶带固定在讲台上，这样当你在演说时，它才不会乱跑。如果使用的是投影机的话，就请多准备一个投影机的灯泡，以便随时可以替换。

最后，最好能够订出一套控制灯光开关的规则。例如，设计几个字眼作为你和灯光控制人员之间的暗号，以便更顺利的运作视听设备。

准备视听器材时要注意什么

演说时，一定得要使用视听设备吗？当你考虑使用视听设备时，先问问自己：我需要它吗？通常，答案都是否定的。

其实，依赖视听设备来传达你的讯息，无异于在告诉听众，你的讲稿内容以及个人魅力都不足以达成任务。许多演说者表示，使用视听设备是为了要强调一些重点。其实，强调重点不一定得使用器材，你的声音也一样能够发挥同样的效果。唯一例外的是，有时候当你提到统计数字时，的确需要视听设备的帮忙。

如果你无法不使用视听设备的话，就请遵守以下这些规则：

呈现出来的画面，应该要设计得有趣且富余想象力

画面会抓住听众的注意力，帮助他们记住你的讯息。可惜的是，许多主管在作简报或演说时，经常会忽略了视听设备的重要性，而使用画面质量不稳定的幻灯片。

好的画面应该是清晰、色彩鲜艳、明亮有趣赏心悦目的。同时，若想让听众记住你所要传达的讯息，最好不要在画面上加上太多文字，更不要使用一般看起来过于僵硬的字体，那会令听众感到乏味。

如果可以的话，尽量使用照片或图案来代替文字说明。例如，当要说明公司各类奶粉的市场占有率时，可以用各类大小不同的奶粉罐图样取代曲线，来表示它们的成长情形。影像要尽量大且简单，听众与屏幕之间的距离越远，屏幕上的影像就要越大。

至于幻灯片上的文字，最好大到坐在十公尺以外的听众都看得见。

要知道每个画面的“停留时间”有多长

要留意，听众是否比你更快把屏幕上的画面看完了？如果是，那么那个画面在屏幕上停留的时间就太长了。可是，更换画面的速度也不宜太快，以免听众会目不暇接，来不及理解并记住画面的内容。

在放映视听器材时，讲一些小故事和实例来做调剂

这样做可以使你的演讲呈现“声”“色”俱佳的效果。最会使用视听设备来说服或打动听众的演讲家，就是演讲和作简报的大师戴维·奥格威。他在运用视听设备时，常常从经验中引用一些有趣而切题的小故事，使得他的演讲生动有趣，深深吸引听众，绝无冷场。

更换幻灯片或投影片的时候要继续讲话，以免演讲出现冷场在等着看下一张幻灯片或投影片时，如果你只是沉默等待，原本凝聚的气氛会因此冷却，听众的注意力也会消失，而你自己的思绪也无法集中。

不要在漆黑的空间放映投影片，也别让屏幕空白播放

投影片或幻灯片时，不要在一片漆黑的房间里放映，也不要把室内的灯光全部关掉，以防听众因此打瞌睡。可以的话，最好把灯光打开一半。

放映投影片或幻灯片的屏幕也千万不要出现空白，一个亮着光却没有任何画面的屏幕，会使得听众分心。

广告教父的 9 项演说规则

以下是戴维·奥格威针对演讲所提出的九项规则：

1. 一定要预演。要把每个环节的时间掌握得刚刚好。

2. 一定要请高手为你操作视听设备。操作人员也会左右演讲的成败。

3. 室温太热，听众会昏昏欲睡；太冷，他们会不舒服。25℃是理想的温度。

4. 不要让座位空着，一定要让房间坐满。

5. 幻灯片一定要让听众看得到。

6. 绝对不要一面放幻灯片，一面聊与主题无关的事。这样听众一定会失去注意力。

7. 不要使用太新潮的视听设备，以免听众的注意力被它们吸引，而完全没听到你在说些什么。

8. 如果你希望听众能有参与感，最好的方法就是先在听众中，安排几个可靠的朋友准备提问题。

9. 演说结束后，一定要举行意见调查，找出最令听众感到乏味的事，以便日后改正错误。演讲时如果需要使用到视听器材，必须事先好好规划一番。千万不要在一开始就使用它们。应该要花几分钟的时间来塑造你的形象，显示你的权威感，然后再开始使用器材。

在更换视听数据时，你所说的话和你的动作必须配合。更换的动作要熟练，而且要很快地看出屏幕上的画面是正确，然后转过身面对听众，目光扫过全场，之后再开始讲话。记住，不要以侧面对着听众。尽量利用语言来明示画面上的东西，例如，“几个红色圈圈的部分，表示市场的占有率扩大。”或是“黄色图表中的曲线是上半年的销售额成长。”不要使用指挥棒去指屏幕，那会使你看起来像个认真教学但与学生没有互动的老师，如果你必须要指出画面上的某部位，可以把手伸长，用手指指出即可。指出以后便立刻转过身来面对听众，继续讲话。

海报架：这么用让你的演讲更顺利

几乎所有在演说时使用海报架的人，极少能很利落地翻海报且不发出干扰他人注意力的翻纸声。

一般而言，海报架只适用于小型的会议、演讲，或是脑力激荡的会议中；它不能使用于大型演讲、会议或大礼堂上，因为距离讲台较远的听众看不到海报上的讯息。

海报纸最好选择标准的白色海报纸，而不要使用新闻纸，以免一写字，墨水就在纸上扩散开来。书写文字时，要写正楷且字体要工整，字体要大，好让后排的人也看得到。

如果你要一面讲话，一面想着要在海报上写什么字，你就会一直背对听众。为了避免这种情况发生，让演说的过程更顺利一点，你可以先用铅笔把你要写的字先写上去，然后在演讲时，就可以不须思考的，用签字笔迅速把字写上去。如此，你只要侧着身子便能写字，同时还可以继续讲话。

海报架放置的位子很重要，必须位于每个人都看得到的地方，而且架子要够高，才能让听众看到整张海报。利用海报架辅助演说时，你的肢体动作就和使用投影片或幻灯片一样点出所需画面、转过身、继续讲。

很多人在使用海报架时总不免会担心，无法顺利把用过的海报翻到架子后面，为了要利落做到这一点，你可以把每页海报的下面折角。演讲前先练习翻页，如此就能顺利的一页页翻下去。

本章重点整理

· 使用视听设备时，事前要再三检查。

· 投影片的内容设计要有趣味性又有想象力。

· 使用投影片的程序：

指出想要说明的部分

↓

转过身

↓

继续讲话。

· 90％的时间都要抬头看着听众。

· 点出要讲的画面、转过身、继续讲。

第9章

面对镜头拿出最佳表现

必答问题：面对镜头前，必须回答的 5 个问题

就像许多擅长演说的激励大师，或者类似卡内基那般的人际沟通专家那样，当你的演讲事业越来越受肯定与欢迎，并拥有广大的听众时，将来你极可能会有机会面对电视镜头；也有可能你会接到许多拥有专业摄影团队的大型企业里演讲;或者，透过网络视讯演说、开会、介绍产品等。

当有机会面对镜头讲话时，你需要准备的就和准备演讲一样，运用“腹肌挤压法”来克服内心的紧张与不安，同时要事先问清楚以下几件事情：

· 什么形式的节目？

· 你讲话的时间有多长？

· 节目何时播出？

· 和你一起受访的有哪些人？

· 最重要的是，谁要访问你？

不同的主持人有不同的访问风格。如果你公司的公关部门有建立录像带档案系统的话，就请他们把该节目连续录几集下来，让你在上电视前，可以先研究主持人的个性、风格，以及节目会场的布置。

你要把这个机会视为一次千载难逢的机会，是价值百万元的免费广告，可以把自己的演讲事业或观念再次往上推升。

因此，面对镜头前，请事先把你要讲的东西充分准备好，因为你在电视上受访的时候，可以讲的时间也许只有几分钟而已，你必须在这短短几分钟内，把你要讲的内容清楚传达。

把你希望听众记得的重点写下来，逐一编上号码，这样你就不会遗漏任何一个重点了。在这些重点之外，你还要懂得适时加入用一些趣事。例如，若是你上电视的目的是为了要推销一本推理小说，那就举几个悬疑的小故事引起观众兴趣，而且至少要提到书名三次以上。

事前准备妥善，到了摄影棚以后，利用等着上节目的空间，把所有的重点再复习一次。接受访问时，也要随身带着笔记本，利用进广告时间，快速再浏览一遍，加深印象。

个人塑造：如何在镜头前呈现最美的一面

当你到达摄影棚后，请要求和主持人谈一下，问清楚你待会受访时要坐在哪里？众多摄影机中，哪一部是专门拍摄你的？在许多谈话性的节目中，我们常常会发现因为拍摄镜面的关系，使得来宾会以侧面面对观众，这样的角度呈现，一点儿也不能拉近你和观众之间的距离。

如何让摄影机拍摄出你最美的一面呢？在电视上，你可以尽量施展你的专业技巧、知识与魅力，可是也千万别忘了，要求摄影机尽可能拍摄你的正面。

电视摄影机最常拍摄的画面就是特写镜头，因此，如果你自认自己并不是很上相的话，就应该要求摄影师，只要拍摄你的上半身即可。

当然，灯光照射的位置，也会决定你在镜头前的容貌是否好看。例如，如果把灯光打在一个人的下颚和颈部上，便很容易突显出这个人的老态，所以，一定要要求灯光师，灯光要朝着正面打来。

对于有点年纪的女性而言，面对电视镜头时，不妨穿件高领的衣服，然后搭配上一个亮丽的别针，如此便可以很有技巧的，将暴露你的年龄的颈部皱纹给隐藏起来。或者，使用围巾也是个很不错的主意，它不但可以美化颈部线条，更能衬托脸部，使它变得更美丽、光辉。再不然，戴上一串大珠子项链，也可以得到同样的效果。

吸引力：如何在镜头前让别人注意到你

上电视的确需要特别的化妆，而且还要比平常化得更浓一些，才能盖住脸上的瑕疵，以免逃不过摄影机的无情镜头。所以，如果你有机会经常上电视受访，或参与谈话性节目的话，请尽量学着自己化电视妆容吧。

如果你对化妆一窍不通的话，可以考虑找专业美妆师来帮忙。他们会根据你的脸型，教导你该如何化妆，把你的脸庞变得更美丽动人。

对男性来说，化妆的重要性不下于女性。因为摄影机拍摄角度的关系，男性来宾原本的大鼻子会显得更大，鼻梁低，眼睛看起来小又无神等，这些都可以透过化妆技巧获得改善。透过纯熟的化妆技术，即使灯光从正面打来，摄影机也从正面拍摄，都能让男性呈现最好的模样，形象也变得更好。

在发型方面，最好修剪合宜，漂亮的发型线条能够将脸部衬托得更好看。过长的刘海会盖住眉毛，眉毛的表情就无法呈现。所以，请把头发剪得整齐，不要让头发在额头前晃来晃去。

如果你平时有戴眼镜的习惯，但拿下眼镜时还是可以看得到主持人的话，那就不要戴着它上镜头。眼镜的反光会减损你的风采。如果你非得戴眼镜不可，而且还经常上电视的话，就请准备一副不会反光的眼镜。

至于服装方面，男性上电视时，建议最好避开白色衬衫，以蓝色服装为主，最好再加上一条颜色鲜明的或印花的领带，以突显出你的独特性，同时也向所有观众传递出一个讯息：请注意我。

穿着西装外套上电视时，请记得把扣子扣起来，可使你看起来有权威感。

信息传递：如何在镜头前传递信息

当你在化妆室里等着上电视的时候，如何克服紧张？在听到工作人员开始倒数计时，你情绪紧张、肌肉僵硬地坐在座位上，等着导播一声令下开始录像时，这时候你的身体千万不要靠在椅背上，而要微微往前倾，挺起胸膛，双腿稍微并拢。

如果你的腿短，请把两只脚放平放在地上，两腿稍稍并拢。这种姿势方便你通过“腹肌挤压法”来克服内心的紧张情绪。

请将嘴巴微微打开，正常的呼气、吐气，缩小腹，并且重复练习你的开场白。无论主持人用什么方式介绍你或问你什么问题，你都可以使用同样的开场白。一待录像正式开始后，你已经充分准备好了想要传达给观众重点。

当访问正式开始后，你的眼睛千万不要盯着摄影机，而要看着主持人的眼睛，把你的讯息传达给他，如此，你的讯息就会传达到观众的耳里。

情绪控制：如何冷静应付挑衅的问题

在回答困难的问题时，你该怎么做才能保持冷静？当主持人或同场来宾对你提出带有敌意的问题时，记住，千万不要对他们露出敌意。一旦你对主持人或同场来宾表现出敌意，你将会失去观众对你的认同与同情。

也千万不要预设主持人会对你态度亲切，因为主持人的工作就是问出观众想要知道的问题，包括隐私在内。所以，在上电视接受访问之前，请做好面对严厉拷问的心理准备，而且要事先想好主持人或其他来宾，可能会对你提出的最严厉的问题，然后把答案准备好。

如果你还是很担心自己可能会紧张到失控的话，也可以请你的好朋友扮演这个不怀好意、刨根问底的主持人，事先认真的演练一番。在镜头前，挑衅的问题迎面而来时，你的第一道自我保护武器就是你脸上的表情——和善的表情。它不是微笑，而是一种愉快的神情，告诉对方："噢！我懂你的心理。"

在主持人的问题尚未结束前，你就要把答案和结论先想好，然后想出至少二至三个能够支持你的结论的观点。如此一来，当主持人的问题一结束后，你便可以开始侃侃而谈的，把你的答案说出来：第一点是×××，第二点×××，第三点×××，最后说出你的结论作为访问的终结。

千万不要重复别人对你负面的评语。例如，当主持人或来宾问："先生，就这件事情的发展来看，是不是就像他们所说的，你应该为最后的结果负责？"这时绝对不要回答："大家都认为，我应该为最后的结果'负责'，这绝对不是事实。"而要用正面的态度回答："如果你们看过我过去的纪录，你们就会发现事实并不是大家所认为的……"

不要用挑衅的语气去响应一个带有敌意的问题。例如，遇到带着仇恨或不友善的辛辣问题时，不要当即反驳对方："你是什么意思？"或"你意思是指我？"而要态度理性、语气温和的回答："如果我没有误解你的话，你想要问的是……"转个语气重新诠释对方的问题，方便你可以平静、理智地回答。

当你把主持人那带有敌意的问题，转换成观众非常感兴趣的问题时，通常主持人就会放弃恶意的态度，也不会再对你提出带攻击性的问题。更重要的是，你让观众见识到你的高情商，和你化解困境的圆融智慧。

问答技巧：如何应对充满敌意的采访

在接受有针对性的电视专访邀约时，你就知道这会是一场鸿门宴，对方是有备而来的要让你招架不住。你该如何准备面对这场充满敌意的电视访问?

准备这场可能充满火药味的电视访问的方法，就和在其他场合准备接受带着敌意的访问一样，先预想十个你可能会被问到的严厉问题，把答案准备好。

不论问题有多么尖锐，你都要随时保持和善的表情，并趁着主持人还在问问题的时候，把结论准备好。结论想好后，再想二三个论点来支持你的结论。此外，幽默是化解敌意的最佳方法。有位企业领导人便深谙此道。有次有记者辛辣地问到他在开股东大会时睡着了的事情。他幽默地回答："在全球经济如此剧烈变化的时刻，我曾经告诉我的幕僚，如果他们听到任何问题，一定要立刻叫醒我，即使是在股东大会上。”

接受电视访问时，最危险的陷阱就是，回答问题的时间有限。例如，在一个财经节目上，主持人对其中一位来宾说：“请你利用一分钟的时间告诉我们，你认为未来经济展望如何？”

在这么短的时间之内，你根本没有办法完整的表达你的观点。所以，对于无法完整回答的问题，就选择“不回答”。

临场技巧：哪些小技巧让你在广播访问中表现更好

在广播访问中，你的眼睛、脸部表情和仪态、肢体语言等，都没法派上用场，你和听众之间唯一的桥梁就是你的声音。声音表演中，有最重要的特质之一就是友善，感觉就好像和听众在单独谈话。关在播音室里，对着麦克风讲话时，请用在餐桌上与人聊天的自然带有活力的语气，你便可以和聆听节目的听众打成一片。在访问节目一开始的时候，你最好把麦克风拿到嘴巴前方，对着它讲话，这会使你的声音变得比较柔和，与听众之间的关系更加亲切。

本章重点提醒

· 面对镜头前，要先充分准备好你要讲的东西。

· 摄影机尽可能拍摄你的正面，才能让你呈现最美的一面。

· 练习“腹肌挤压法”来克服内心的紧张情绪。

· 面对挑衅或敌意的问题，要先做预设并准备好答案。

· 对于无法完整回答的问题，就选择“不回答”。

· 上广播节目时，把麦克风拿到嘴巴前方讲话，会拉近你与听众的距离。

第10章

召开会议：效率、个人权威两把抓

权威感：6 个步骤帮你建立权威

该如何召开一次成功的公司内部会议或座谈会？其实，座谈会或公司内部会议成功与否，最大的责任在于召集人。当你负责召集会议时，只要依照以下六个步骤，保证你的会议一定能够顺利成功：

· 提早两个星期弄清楚每位参与者要谈的主题。

· 确认让参与者知道每个人发言的时长。

· 事先请每位参与者给你一份个人书面介绍，以节省你的准备时间。

· 请每位参与者预先准备一些问题，并对别人的主题也准备问题。

· 准备做总结时，必须以有力的结论结束座谈会。

在座谈会前两个星期，通知参与者，表示希望他们把自己要谈的主题都准备妥当。并让他们知道你会严格控制时间。

不论是公司内部会议或座谈会，会场布置都要和演讲的会场布置一样重点在于是否能吸引听众的注意力。最理想的方式是：在小会议室里，让参与者坐成一个半圆形，或是坐在一张圆桌或椭圆形桌子周围，气氛会比较温暖。召开座谈会时，最有效率的程序应该是的：召集人（也就是你）先做开场白，说明你希望这次会议能够达成什么样的结果，并且要语气坚定地强调每人的发言时间有多长。介绍每位与会人士。利用其他参与者发言时，将你事先准备好的总结拿出来修改，把每位参与者的意见都归纳到你的结论里。

在所有参与者都发言完毕后，你不妨让他们自由讨论，鼓励他们彼此发问。

把时间开放给听众提问问题。如果可以的话，最好先安排几个朋友在听众中带头发问。若遇到有人提问时长篇大论，就打断对方的谈话，并回答："我归纳一下你刚才的说法，我想你的意思应该是……"

要特别注意，不要让所有听众的问题都集中在一个人身上。

当听众的问题差不多都提完时，就可以把你准备的总结提出来，如果你没有准备一个有力的结论，又没有趁着参与者在发言时把它润饰得更完善,座谈会就很难圆满成功。

领袖风采：让你的职业发展更顺利

在会议上，你要如何表现出自己的权威感？有一位三十九岁的科技业明日之星，深得集团总裁的赏识。他长相英俊，穿着讲究，拥有迷人的笑容和一头浓密的头发，可是每次开会时，他的举止却让他的形象大大扣分，说话不具说服力。

这位看似拥有权力（总裁的信任）和人人称羡的外貌的明日之星，到底哪里出了问题呢？原来，他在开会时，总是弯腰驼背的，看起来就是一副无精打采、事不关己的模样。

他知道他给同事们的印象是同事们觉得他开会时像个局外人似的，感觉不到他的存在。他表示同事之所以对他有这样的观感，是因为每次开会时，他听到的事情都引不起他的兴趣，总是瘫坐在椅子上，心思也就不知飘到哪里去了。外表形象是最能直接展现一个人权威感的方式，而“瘫坐在椅子上”绝对不会让人觉得你是个有领袖气质的人。所谓“有领袖气质”就是指：坐下来的时候要小腹收缩，将两手手肘放在桌沿上，两手合握。这样的坐姿会使人看起来有如“大权在握”。除了坐姿要注意外，讲话时的姿态也会影响你对听众的说服力。“有领袖气质的讲话方式”是，说话时要抬头挺胸，眼睛看着听众，并且面带微笑。许多天赋异秉的人，常常会认为只要顺其自然，自己就能够登上高峰，殊不知，他们的外表和举止若能有领袖风采，他们会比别人爬得更快。

参与感：“参会”而不是“旁听”

在参加会议之前，要先准备好你要在会议中发表的主题与内容，让你的上司与同事对你留下深刻印象。准备的方向如下：

· 先弄清楚会议的主题。

· 事先把你的想法组织起来；或者利用其他参与者发言时，把你要讲的内容逐条写下来。

· 会议过程，要表现出很希望参与大家的讨论。

· 展现热情，让你整个人散发出一种讯息“我有很重要的话要说”。

个人形象：视线互动帮你赢得个人形象

当其他参与会者发言时，你的视线应该停留在哪里？应该注视着台上的发言者吗？

在公司内部会议或座谈会中，你聆听其他人发表意见时的态度，正好表现出你的为人态度。

别人讲话的样子也表现出你是怎样的人。身为召集人，即使你演讲者并不是你，你依然得待在台上。所以，你必须要维持你的形象，对演说者所讲的内容表现出高度的兴趣，注意的聆听，同时目光要注视着对方。

如果你们的会议是采用半圆形或圆桌式，而演说者正好坐在你的旁边，距离你太近时，你就把身体稍微移动一下，面对着演说者，然后专注的倾听，脸上还不时露出认同的表情，好像在对他说 ："我肯定你的说法，也对你所说的内容非常感兴趣。”

面对团队简报或小型座谈会时，最重要的态度是“专注聆听、全神贯注”地倾听你的队友讲话，就等于在帮助他更有效地说服别人。这样做不但能够提升你队友的良好形象，同时也会增加团队的力量。

本章重点整理

· 召集会议的六个步骤，可使会议顺利成功。

·有权威的坐姿会使人看起来有如“大权在握”。

· 参加会议前，要先准备好你要发表的主题。

· 当其他参与会者发言时，你的目光要注视着对方。

· 在本书中，我提供了“腹肌挤压法”，帮助你从心理和身体双管齐下，克服紧张。请记住这套“腹肌挤压法”的九个步骤：

1. 做好事前的准备工作。

2. 搜集与每次演讲主题相关的信息。

3. 组织演讲内容，把它们写下来并随时修改。

4. 讲稿要熟读，不要背诵。

5. 仪容要得体。

6. 会场布置要能让听众集中注意力。

7. 利用腹肌口诀来修正态度。

8. 利用腹肌挤压法防止紧张。

9. 遇到任何突发状况都要从容镇定。

· 不论你年纪多大、也不论你从事什么工作，你都可以设法改善自己的沟通能力。借着“腹肌挤压法”，你将不再感到怀疑和恐惧；你不再觉得自己在别人眼中是个笨拙可笑的人；不论在任何场合（职场上、社交场合里或是在家里），你都会表现得自信且有领袖气质。

· 运用这些技巧，你可以向老板要求加薪，游刃有余的完成交易，可以解决家庭危机，在社交场合如鱼得水、悠游自在，遇到挑衅的人或敌意的问题，你也能够轻松的从容应付。

· 腹肌挤压法可以赶走消极的感觉，让你的身体和心理回复到积极状态。请熟练本书内的简单原则，你就再也不会紧张了！

图书在版编目（CIP）数据

学会沟通，让优秀的你更优秀 / 杨梅珍著 . -- 北京 :
北京时代华文书局，2020.1
ISBN 978-7-5699-3365-9

Ⅰ . ①学… Ⅱ . ①杨… Ⅲ . ①语言艺术－通俗读物
Ⅳ . ① H019-49

中国版本图书馆 CIP 数据核字 (2019) 第 285109 号

项目合作：锐拓传媒 copyright@rightol.com

学会沟通，让优秀的你更优秀

XUEHUI GOUTONG, RANG YOUXIU DE NI GENG YOUXIU

著　　者 | 杨梅珍
出 版 人 | 陈　涛
图书监制 | 俞根勇
图书策划 | 方　方
责任编辑 | 徐敏峰
封面设计 | 红杉林
责任印制 | 郝　旺
出版发行 | 北京时代华文书局 http://www.bjsdsj.com.cn
北京市东城区安定门外大街 136 号皇城国际大厦 A 座 8 楼
邮编：100011　电话：010 - 83670692　64267677
印　　刷 | 唐山富达印务有限公司
（如发现印装质量问题，请与印刷厂联系调换）
开　　本 | 880mm×1230mm　1/32
印　　张 | 6.5
字　　数 | 120 千字
版　　次 | 2020 年 5 月第 1 版
印　　次 | 2020 年 5 月第 1 次印刷
印　　量 | 9000 册
书　　号 | ISBN 978-7-5699-3365-9
定　　价 | 46.00 元